JN447599

AI와 법조 실무

AI문고

인공지능 시대입니다. 기계가 인간의 인지를 대신하고, 사물이 인간을 통하지 않고 다른 사물과 직접 커뮤니케이션합니다. 이에 따른 인간 삶과 문명 변화를 정확히 이해 · 예측 · 대응하는 것은 이 시대 우리 모두의 과제입니다. AI문고는 인공지능 기술과 환경의 여러 주제를 10가지 키워드로 정리합니다. 관련 개념과 이론, 학계와 산업계의 쟁점, 우리 일상의 변화를 다룹니다. 인간과 기술의 현재, 미래를 세심히 분석합니다.

일러두기

- 인명, 작품명, 저서명, 개념어 등은 한글과 함께 괄호 안에 해당 국가의 원어를 병기했습니다.
- 외래어 표기는 현행 어문규정의 외래어표기법을 따랐습니다.

처음이세요?

전문가세요?

지금, 큐알 찍으면

- AI 입문서 바로 선물
- 당신만의 필독서 추천
- 500권 요약본 공짜
- 오디오북 무료 사용

AI와 법조 실무

심소연

대한민국, 서울, 커뮤니케이션북스, 2026

AI와 법조 실무

지은이 심소연
펴낸이 박영률

초판 1쇄 펴낸날 2026년 1월 5일

커뮤니케이션북스(주)
출판 등록 2007년 8월 17일 제313-2007-000166호
02880 서울시 성북구 성북로 5-11
전화(02) 7474 001, 팩스(02) 736 5047
commbooks@commbooks.com
www.commbooks.com

이 책은 커뮤니케이션북스(주)가 저작권자와 계약해 발행했습니다.
본사의 서면 허락 없이는 어떠한 형태나 수단으로도
이 책의 내용을 이용할 수 없음을 알려드립니다.

© 심소연, 2026

ISBN 979-11-430-1612-6 03500

책값은 뒤표지에 표시되어 있습니다.

차례

혁신과 책임의 시대

인공지능(AI) 기술은 전례 없는 속도로 발전하며 우리 사회 전반에 걸쳐 혁명적인 변화를 불러오고 있다. 특히 ChatGPT와 같은 생성형 AI의 등장은 정보 검색 방식과 문서 작성 관행을 근본적으로 뒤흔들고 있으며, 자율주행차, 로봇 기술의 비약적 발전 등 그 영향이 미치지 않는 영역을 찾아보기 어렵다. 이러한 AI 기술의 파급력은 인터넷 기술에 비견되거나 그 이상으로 평가되기도 한다. 법률 분야 또한 이러한 거대한 시대적 흐름을 거스를 수 없으며, 효율성 증대와 사법 접근성(access to justice) 향상이라는 긍정적인 기대와 함께 기술적 한계, 윤리적 문제, 기존 법률 체계와의 충돌 등 다양한 도전 과제에 직면하고 있다.

이 책은 '혁신과 책임의 시대'라는 큰 틀 아래, AI가 법조 실무에 가져오는 변화의 양상과 그에 대한 법조계의 대응 방안을 다각도로 조명한다. AI 기술 도입의 불가피성을 인정하면서도, 이로 인해 발생할 수 있는 위험과 윤리적 문제에 대한 깊이 있는 성찰을 통해 AI 시대의 법조 실무가 나아가야 할 바람직한 방향을 제시하고자 한다. 법률 전문가, 정책 입안자, 기술 개발자, 그리고 법률서비스 이용자 모두에게 AI와 법의 조화로운 미래를 위한 통찰력을 제공하는 것이 이 책의 궁극적인 목표다.

AI가 이끄는 법률서비스의 변화

AI는 이미 효율성과 혁신이라는 강력한 장점을 바탕으로 산업 전반에 걸쳐 활용되고 있으며, 법률서비스 분야에서도 그 영향력을 빠르게 확대하고 있다. AI 기술은 법률 조사는 물론, 계약서 검토, 법률서면 초안 작성, 전자증거 개시(e-discovery), 실사(due diligence), 법무 전자청구 시스템인 e-빌링(billing), 판례 및 법률 검색 등 변호사의 광범위한 업무에 적용되어 상당한 시간과 비용을 절감하는 효과를 가져온다. 이러한 효율성 증대는 변호사가 단순 반복적인 업무에서 벗어나 전략적으로 중요한 업무에 집중하고, 더 나아가 업무 영역을 확장하는 새로운 기회를 창출할 수 있게 한다.

이러한 변화는 법률 업무의 본질을 재정의할 것으로 전망되며, AI를 활용할 줄 아는 변호사가 그렇지 않은 변호사를 대체하게 될 것이라는 예측이 지배적이다. 리걸테크는 기존 대형 로펌(법무법인)만이 가졌던 인적 · 물적 인프라를 소규모 로펌이나 단독 변호사에게 제공하여 경쟁력을 강화하는 기회로 작용할 수도 있다.

AI 시대의 법조계가 직면한 도전 과제

AI 기술의 강력한 잠재력에도 불구하고, 법조계의 AI 활용에는 여러 한계와 위험성이 내포되어 있다. 현재까지 법조인이 수행하는 것과 같은 수준으로 사실을 인정하고 법리를 검토할 수 있는 AI는 존재하지 않으며, 대한민국 법률이 AI에 의해 충분히 학습되었다고 단정하기도 어렵다. 특히 대규모 언어 모델(LLM)의 결과물은 진실이거나 신뢰할 수 있는 출처에 근거하지 않을 수 있으며, 전혀 존재하지 않는 내용을 실제처럼 만들어 내는 소위 '환각(hallucination)' 현상이 자주 나타난다. LLM은 수학적 확률을 바탕으로 다음에 위치할 단어를 예측하는 것일 뿐, 무엇이 참이고 거짓인지 자체를 분별할 수 있는 것은 아니기에, 이러한 오류 또는 부정확성은 AI 사용을 주저하게 하는 주요 요소다.

또한 AI는 훈련된 데이터 세트를 주된 기반으로 응답을 생성하므로, 훈련 데이터에 내재된 오류나 편향(bias)을 반영하여 불공정한 결과를 초래할 수 있다. 특히 훈련 데이터가 공개되지 않은 경우, 인간의 인지적 오류, 성별 · 종교 · 사회적 신분 등에 기초한 편견이 반영되었을 가능성을 항상 전제해야 한다. 딥러닝과 같은 복잡한 AI 기법은 그 작동 원리나 특정 입력에 대한 출력의 이유를 인간이 명확히 이해하기 어려운 '블랙박스(black box)' 특성을 가지기도 한다. 더욱이 대부분의 상용 AI 도구는 그 모델이나 훈련 데이터 등을 공개하지 않아 투명성 문제가 제기될 수 있으며, 이는 AI 알고리즘의 결함이나 책임의 주체, 분배, 과실 판단 기준 등을 논의하는 데 어려움을 초래한다.

AI는 법관의 판단을 보조하기 위한 수단일 뿐, 법관의 판단을 대체할 수는 없다는 점이 여러 차례 강조된다. 사법부는 AI 도입 시 국민의 기본권 보장, 법관의 독립성, 평등 원칙 준수 등에 유의해야 하며, AI 결과물을 맹목적으로 신뢰하며 종속될 위험을 의미하는 '자동화 편향(automation bias)'이나 새로운 정보를 배척하는 '앵커링 효과(anchoring effect)'를 경계해야 한다. 법원은 AI 결과물이 법적 원칙, 증거, 경험칙 및 법감정과 일치하는지 비판적으로 평가하고 검증해야 할 의무가 있다. 또한 AI는 딥페이크를 생성하는 데 사용될 수 있으며, 이는 소송에 제출된 자료의 진위 판단을 어렵게 하여 재판 지연 등의 문제를 발생시킬 수 있다.

AI 도입에 대한 규제 불확실성과 기존 법률 체계와의 충돌 또한 주요 도전 과제다. 국내 법률서비스 시장 규제는 비변호사의 로펌 소유, 변호사 고용, 동업 금지 및 법률사무 수행 금지를 원칙으로 하여, 리걸테크 업체가 일반인에게 법률서비스를 직접 제공하는 행위가 변호사법 위반의 소지가 있어 지속적인 논란의 대상이 된다. '리걸테크 진흥법안'이 국회 상임위원회 심의 단계에 머물러 있는 등 관련 정책 논의가 지연되고 있으며, 이는 규제와 진흥 사이의 균형을 고려한 정책 정비가 시급함을 보여준다.

이 책의 구성

이 책은 AI 시대의 법조 실무가 직면한 '혁신'과 그에 따르는 '책임'이라는 핵심 주제를 다루기 위해 다음과 같은 10개의 장으로 구성되었다. 각 장은 AI와 법률 분야의 상호작용을 포괄적으로 이해할 수 있도록 유기적으로 연결되어 있다.

제1장 '법조계에서 AI 활용의 필요성과 도전 과제'는 AI 기술 도입의 배경과 기대 효과, 그리고 그 과정에서 법조계가 맞닥뜨리는 근본적인 도전을 개괄하며 이 책의 전체적인 맥락을 제공한다.

제2장 '변호사의 AI 활용'은 변호사 업무의 효율성 증대, 법률문서 작성 및 검토, 법률 조사 등 구체적인 변호사 실무에서의 AI 활용 사례와 그에 따른 윤리적 고려 사항을 다룬다.

제3장 '검찰의 AI 활용'은 수사 및 공소 유지 과정에서 AI가 어떻게 활용될 수 있는지, 증거 분석, 범죄 예측, 디지털 포렌식 등의 측면에서 검찰 실무의 변화를 탐색한다.

제4장 '사법 행정과 AI'에서는 재판 과정 외의 사법 행정 업무, 즉 문서 관리, 일정 관리, 민원 처리 등에서 AI가 어떻게 효율성을 높이고 사법부 운영을 혁신할 수 있는지 살펴본다.

제5장 '법관의 AI 활용'에서는 법관의 판결 보조, 판례 분석, 유사 사건 검색 등 AI가 법관의 업무를 지원하는 방식과, AI의 한계 및 법관의 독립성 유지에 대한 중요성을 논한다.

제6장 'AI와 재판의 공정성'에서는 AI의 편향성 문제, '환각' 현상, '블랙박스(black box)' 특성 등이 재판 결과의 공정성에 미치는 영향과 이를 해소하기 위한 제도적, 기술적 방안을 모색한다.

제7장 '소송당사자의 AI 활용에 대한 대응'에서는 소

송당사자가 AI를 활용하여 제출한 서면이나 증거에 대한 법원의 심리 지침, 딥페이크 등의 위조 증거 문제에 대한 법원의 대응 방안을 다룬다.

제8장 '법조인의 AI 활용 윤리와 책임'에서는 AI 활용에 따른 법조인의 비밀 유지 의무, 설명 의무, 감독 의무 등 윤리적 책임의 범위와 AI 생성 결과물에 대한 최종 책임 소재를 명확히 한다.

제9장 'AI 기술과 사법 신뢰'에서는 AI 도입이 사법 시스템에 대한 국민의 신뢰에 미치는 영향, 투명성, 책임성, 합법성 원칙 준수의 중요성을 강조하며 사법 신뢰를 확보할 방안을 제시한다.

제10장 'AI와 미래의 법조 실무'에서는 AI 기술의 지속적인 발전 속에서 법조계가 나아가야 할 장기적인 비전과 전략, 규제 개혁의 필요성, 그리고 인간 법조인의 역할 변화를 종합적으로 전망한다.

이 책의 이러한 구성은 AI와 법조 실무라는 광범위한 주제를 체계적으로 이해하는 데 필요한 분석을 제공한다. 각 장은 기술적 이해에서부터 구체적인 실무 적용, 윤리적 · 제도적 도전, 그리고 미래 비전에 이르기까지 폭넓은 관점을 제시하며, 독자들이 AI 시대의 법조 실무를 총체적으로 이해하고 능동적으로 대응할 수 있도록 돕고자 한다. 이 책을 통해 AI의 혁신적인 잠재력을 최대한 활용하면서도 법치주의와 사법의 핵심 가치를 굳건히 지키는 '혁신과 책임의 시대'를 열어갈 수 있기를 기대한다.

참고문헌

정채연(2024). "생성형 AI를 활용한 법률서비스의 쟁점과 과제". 《법학연구》, 35(3), 401~443쪽.

한권탁(2024). "법률사무에 있어 인공지능(AI)의 활용과 변호사 윤리". 《법조》, 73(5), 282~320쪽.

한애라(2024). "리걸테크와 법률서비스의 규율: 일반인용 리걸테크 서비스에 관한 영미법계 동향을 중심으로". 《사법》, 1(70), 81~144쪽.

American Bar Association(2024). Formal Opinion 512 (Generative Artificial Intelligence Tools). Standing Committee on Ethics and Professional Responsibility. https://www.americanbar.org/content/dam/aba/administrative/professional_responsibility/ethics-opinions/aba-formal-opinion-512.pdf

Choi, J. H. et al.(2024). Lawyering in the Age of Artificial Intelligence. *Minnesota Law Review, 109.*

01
법조계에서 AI 활용의 필요성과 도전 과제

AI 기술의 급속한 발전은 법률 분야에도 혁신적인 변화를 가져오고 있다. 법조계는 효율성 증대와 사법 접근성 향상이라는 긍정적인 기대와 함께, 기술적 한계, 윤리적 문제, 기존 법률 체계와의 충돌 등 다양한 도전 과제에 직면하고 있다. 이러한 변화는 피할 수 없는 흐름이므로, 이러한 필요성과 도전을 이해하고 AI 시대의 법조 실무를 위해 균형 잡힌 대응 방안을 모색할 필요가 있다.

기후 위기와 인공지능?

AI 기술 도입의 필요성 및 기대 효과

AI는 현재 효율성과 혁신이라는 장점을 바탕으로 산업 전반에 걸쳐 활용되고 있으며, 법률서비스 분야에서도 그 영향력을 확대하고 있다. AI 기술은 인터넷 기술에 비견될 정도로, 혹은 그 이상으로 사회 전반에 급격한 변화를 가져오고 있으며, 법조 업무에서 AI 기술 도입과 적용은 피할 수 없는 시대적 요청으로 간주된다. 이는 AI가 법률 업무 수행 방식을 근본적으로 변화시킬 잠재력을 가지고 있기 때문이다.

AI는 법률 조사, 계약서 검토, 법률서면 초안 작성 등 변호사의 일상적인 업무에 활용될 때 상당한 시간을 절약하고 비용을 절감하는 효과를 가져온다. 구체적으로 전자 증거 개시(e-discovery), 실사(due diligence), 법무 전자 청구 시스템인 e-빌링(billing), 판례와 법률 검색 등 법률사무 전반으로 AI의 적용 범위가 확장되고 있다. 이러한 분야에서 AI는 인간 변호사보다 훨씬 빠르고 정확한 업무 수행을 가능하게 한다. 이러한 효율성 증대는 변호사가 단순 반복적인 업무에서 벗어나 전략적으로 중요한 업무에 집중하고, 더 나아가 업무 영역을 확장하는 새로운 기회를 창출할 수 있게 한다. 다량의 저가치, 시간 소모가 큰 반복적인 법률사무에 AI가 활용될 경우,

법률서비스의 효율성이 크게 향상될 것으로 기대되며, 이는 단순한 생산성 증감을 넘어 변호사 역량을 증폭시키는 역할을 한다.

또한 AI 기반 리걸테크 서비스는 신속하고 정확한 법률서비스를 제공함으로써 법적 소외 계층의 사법 접근성을 높이는 데 기여할 수 있다. AI는 복잡하거나 어려운 문제에 대한 접근 없이도 간단한 계약서나 내용증명 작성 등에서 법적 조언을 제공하며, 저렴한 비용으로 온라인 접근성을 높여 사람들의 이용 편의성을 크게 향상시킨다.

AI는 또한 법률 업무의 본질을 재정의할 것으로 전망된다. 판례 검색, 계약서 검토, 소송절차 보조 등 과거 로펌의 영역이던 업무를 기술이 대신하는 시대가 성큼 다가왔다는 평가도 있다. 이러한 변화는 기존 법률 시장의 공급자와 수요자 모두에게 영향을 미치며, AI를 활용하는 변호사는 업무 처리 과정에서 확보된 시간을 활용하여, 보다 가치 있는 법률서비스를 제공하는 데 집중할 수 있게 된다.

법률서비스 시장의 변화와 AI의 역할

시장조사기관 트랙슨(Tracxn)에 따르면 전 세계 리걸테크 기업은 9400여 개에 달하며 누적 투자 규모는 191억 달러(약 26조 4000억 원)에 이른다. 글로벌 리걸테크 시장은 2027년까지 356억 달러(약 47조 8000억 원) 규모로 성장할 것이라는 전망도 있다.

리걸테크 서비스는 법률 정보 검색, 문서 작성 및 검토, 소송 분석 및 예측, 법률 상담, 변호사 소개 등 다양한 분야에서 점차 통합되고 있다. 이러한 변화는 법률서비스 시장의 플랫폼화('우버화')를 가져오고 있으며, 이는 변호사 간 시장, 변호사와 외부 서비스 시장 등 여러 층위에서 나타난다. 미국의 아보(Avvo), 대한민국의 로톡, 일본의 벵고시닷컴 등 법률 소비자와 변호사를 연결하는 다양한 플랫폼이 등장하고 있으며, 리걸줌(LegalZoom), 로켓 로이어(Rocket Lawyer), 두낫페이(DoNotPay) 등의 일반인용 법률문서 작성 서비스나 AI 법률 상담 등 다른 일반인용 서비스와 통합되기도 한다. 이러한 변호사 플랫폼은 소비자의 정보 획득과 사법 접근성을 높이는 장점을 제공하지만, 동시에 변호사 알선 금지, 수임료 분배 금지 위반 등 기존 규제와의 충돌 우려도 지속적으로 제기된다.

AI 기술은 로펌의 사업 모델에도 근본적인 변화를 요구하고 있다. 로펌은 이제 기술, 자본, 데이터 관리, 분업화를 포괄하는 새로운 구조로 변화할 필요성이 커지고 있다. 복잡한 사건에 대한 서비스는 전통적인 시간당 수임료를 유지하겠지만, 비본질적이고 정형적인 서비스에 대해서는 건당 고정 수임료, 구독형 수임료, 무료 및 추가 수수료 혼합 구조의 '프리미엄(freemium)' 등 다양한 형태의 수임료 체계가 등장하고 있다.

AI 활용에 따른 주요 도전 과제

미국에서는 변호사가 ChatGPT가 생성한 허위 판례를 법원에 제출했다가 징계받은 유명한 아비앙카(Avianca) 사건이나, 뉴욕주의 30년 경력 변호사가 챗GPT가 제시한 판례들을 면밀히 검토하지 않고 인용한 보고서를 법원에 제출했다가 벌금을 받은 사례가 발생하기도 했다.

이러한 AI의 환각, 기술적 불투명성으로 인한 어려움 이외에도, AI 도입에 대한 규제 불확실성과 기존 법률 체계와의 충돌 역시 주요 도전 과제다. 국내 법률서비스 시장 규제는 미국과 유사하게 비변호사의 로펌 소유, 변호사 고용, 동업 금지 및 법률사무 수행 금지를 원칙으로 한다. 이러한 환경에서 리걸테크 업체가 일반인에게 법률서비스를 직접 제공하는 행위는 변호사법 위반의 소지가 있어 지속적인 논란의 대상이 되고 있다. 대한변호사협회는 법률문서 자동 작성 서비스가 변호사법 제109

조 위반이라는 의견을 표명한 바 있으며, 변호사 소개 서비스의 경우에도 수임료의 일정 비율을 대가로 받는 경우 위법의 소지가 있다고 본다. 이러한 경직적인 규제는 리걸테크의 발전을 저해하고, 규제를 회피하기 위한 비효율적이고 왜곡된 사업 모델을 초래할 수 있다.

국내 리걸테크 현황 및 사법부의 대응

시장조사기관 트랙슨(Tracxn)에 따르면, 국내 리걸테크 기업 수는 약 59개사로 추정되며, 전 세계 유니콘 기업 9개사 중 국내 기업은 없는 실정이다. 그러나 데이터 부족과 규제라는 부담에도 불구하고 로시컴, 로톡, 헬프미, 로앤비, 유렉스, 엘박스, 로폼, 마시멜로, 머니백, 로클릭 등 다수의 국내 리걸테크 업체들이 변호사 소개, 법률/판례 검색, 계약서/법률문서 분석, 법률문서 자동 작성, e-discovery 및 디지털 포렌식 등의 서비스를 출시하거나 준비 중이다.

엘박스는 생성형 AI 기반 판례 요약 플랫폼 '엘박스 AI', 사건 유사도 기반 변호사 추천 서비스 '파인드', 법률 전문 출판 브랜드 '엘박스 스칼라'를 운영한다. '엘박스 AI'는 판사, 검사, 변호사, 경찰관 등 법률 전문가로 이용자를 한정하고 있음에도 서비스 출시 1년 만에 이용자가

2만 3000명에 달하며, 410만 건 규모의 판례 데이터베이스를 기반으로 운영되고 있다. 로앤컴퍼니는 법률 종합 포털 '로톡', 판례와 법령 검색 서비스 '빅케이스'에 이어, 상용 법률 AI 서비스인 '슈퍼로이어'를 출시했다. '슈퍼로이어'는 클라우드 기반 서비스형 소프트웨어(SaaS)로서 법률 리서치, 초안 작성, 문서 요약, 문서 및 사건 기반 대화 등의 기능을 제공하며, 출시 10개월 만에 이용 가입자 수 1만 명을 돌파했다. '슈퍼로이어'의 신기능 '롱폼'은 변호사의 사건 정보를 바탕으로 길고 전문적인 서면을 빠르게 작성할 수 있는 스마트 문서 작성 도구다. 로앤컴퍼니는 박영사와 독점 계약을 통해 650여 권의 법률 서적을 '슈퍼로이어'의 답변 기반 자료로 활용하여 정보의 신뢰도를 높이고, 환각 현상을 최소화하기 위한 '팩트체커'와 '인용 적절성 평가' 기능도 제공한다.

법원 역시 AI 기술 도입을 적극적으로 모색하고 있다. 법원 인공지능연구회는 2025년 2월 '사법에서의 인공지능 활용에 관한 가이드라인'을 발간했다. 이 가이드라인은 사법부의 AI 도입 시 국민의 기본권 보장, 신뢰성, 합법성, 책임성, 투명성, 미래 지향성 등 6가지 원칙을 제시하며, 법관이 AI를 활용할 때의 유의사항과 소송당사자의 AI 사용에 대한 법원의 대응 방안을 다룬다.

하지만 국내 리걸테크의 규제 환경은 여전히 과제로 남아있다. 변호사법과 윤리 규범은 AI 시대의 새로운 법률서비스에 완전히 부합하지 않아, 리걸테크 업체들은 상당한 법적 위험을 감수하며 서비스를 제공하고 있다. '2025 리걸테크 AI 특별 전시회(LTAS)'에서는 AI가 법관의 판단을 보조하는 수단이지 대체할 수는 없다고 강조되었으며, 법원은 리걸테크에 대해 여전히 조심스러운 입장을 보인다. 대한변호사협회는 법률문서 자동 작성 서비스가 변호사법 제109조 위반이라는 견해를 밝힌 바 있으며, 일반 회사가 법률사무를 제공하는 주식회사를 설립하거나 운영하는 것도 변호사법에 위반된다는 엄격한 태도를 보인다.

'리걸테크 산업 진흥 및 이용 촉진에 관한 법률안'(더불어민주당 권칠승 의원 대표 발의)이 국회 상임위원회 심의 단계에 머물러 있는 등 관련 정책 논의가 지연되고 있으며, 법무부의 허가제를 통한 사업 진입 부담은 일정 금액의 자본금 보유, 변호사 등 전문 인력 및 시설・장비 보유 등의 요건을 요구하여 스타트업의 성장을 저해할 수 있다는 우려도 제기된다. 이러한 상황은 규제와 진흥 사이의 균형을 고려한 정책 정비가 시급함을 보여 준다. 기업 중재 실무자 중 91%가 AI를 활용할 것이라고 응답하는 등 법률 전문가들 사이에서 AI 활용의 필요성에 대한 공감대가 형성되고 있지만, 국내 법률 시스템 전반의 규제 정비가 시급한 상황이다. 리걸테크의 법제권 편입 여부가 국내 법률 산업의 경쟁력을 결정할 중요한 요소로 작용할 것이다.

참고문헌

법원 인공지능연구회(2025). "사법에서의 인공지능 활용에 관한 가이드라인" https://2022.lawtimes.co.kr/data/file/Article-attached/guideline.pdf

우빈(2025.6.18). "AI 시대 법조 미래가 한자리에… LTAS 2025 개막". 법률신문.

정채연(2024). "생성형 AI를 활용한 법률서비스의 쟁점과 과제". 《법학연구》, 35(3), 401~443쪽.

한권탁(2024). "법률사무에 있어 인공지능(AI)의 활용과 변호사 윤리". 《법조》, 73(5), 282~320쪽.

한애라(2020). "법률문서 자동 작성 서비스의 규율에 관한 연구". 《민사소송》, 24(3), 391~447쪽.

한애라(2024). "리걸테크와 법률서비스의 규율: 일반인용 리걸테크 서비스에 관한 영미법계 동향을 중심으로". 《사법》, 1(70), 81~144쪽.

Reuters(2023.6.26). New York lawyers sanctioned for using fake ChatGPT cases in legal brief.

02
변호사의 AI 활용

인공지능(AI) 기술은 변호사 업무의 효율성과 정확성을 높이는 강력한 도구로 부상하고 있다. 법률 정보 조사, 문서 작성, 계약 검토 등 변호사의 다양한 업무 영역에 AI가 도입되면서 실무 방식을 근본적으로 변화시키고 있다. 변호사는 이러한 기술을 이해하고 책임감 있게 활용함으로써 단순 반복 업무에서 벗어나 전략적 역할에 집중할 기회를 얻는다.

노래하는 AI 보컬?

AI 기반 법률서비스의 현황 및 유형

AI 기술은 우리가 정보를 찾고 소비하는 방식부터 일하는 방식에 이르기까지 우리 삶에 깊이 스며들어 있으며, 법률서비스 분야에서도 그 영향력을 확대하고 있다. 정보기술(IT)을 활용한 법률서비스를 일컫는 '리걸테크(Legaltech)'는 AI 기술에만 한정되지 않고 디지털화 기술이나 빅데이터 기술 등을 포함하지만, 최근에는 AI 기술이 적용된 리걸테크가 변호사 업무의 근본적인 변경을 예고하고 있다. 초기 단계에서는 실물 문서를 디지털화하거나 데이터를 통합하는 수준에 그쳤으나, 점차 사건 관리 시스템이나 고객 관리 시스템 등 변호사의 업무 효율성을 증대시키는 기능으로 발전하였다. 이제 AI 기술은 변호사가 수행하던 계약서 검토, 법률문서 작성, 특정 쟁점에 대한 법적 검토 등에 대해 자체적으로 결과물을 만들어 내는 수준에 이르렀다.

대한민국에서 변호사를 대상으로 하는 AI 기반 서비스는 크게 일곱 가지 유형으로 분류할 수 있다.

첫째, 법률 정보 조사 서비스다. 현행 법령, 연혁 법령, 판례, 심결례, 행정 규칙, 질의 · 회신 사례, 자치 법규, 실무 서적 등의 데이터를 학습한 AI가 이용자의 질문에 법령, 판례 등 데이터를 바탕으로 요청에 부합하는 결과물을 제공한다. 이는 단순히 입력한 단어와 관련된 판례나 법령을 검색하는 것을 넘어, 이용자의 요청을 분석하고 관련 데이터를 찾아 정리하여 제공하는 방식이다. 로앤컴퍼니의 '슈퍼로이어'와 '빅케이스', 케이스노트의 '케이스노트', 엘박스의 '엘박스 AI', 인텔리콘의 '유렉스(U-LEX)' 등이 이러한 서비스를 제공한다.

둘째, 계약서 검토 서비스다. 계약서 문서를 입력하면 AI가 그 의미를 실시간으로 분석하여 위험 요소, 누락 요소, 메타 정보 등을 자동으로 분석하고 수정을 위한 해설까지 제시한다. 예를 들어, 비밀 유지 계약서를 입력하면 비밀정보에 관한 정의 조항, 비밀 유지 기간, 면책 조항, 제3자 제공에 관한 조항, 손해배상조항, 위약벌 조항, 분쟁 해결 기준 조항 등의 존재 여부, 해당 조항의 내용 등을 분석한 후 위험 요소나 누락 요소 및 관련 근거를 제시할 수 있다. 비에이치에스엔의 '앨리비', 인텔리콘의 '알파로', 휴맥스아이티의 'Law.ai' 등이 관련 서비스를 제공하는 것으로 알려져 있다.

셋째, 법률서면 초안 작성 서비스다. 소장, 답변서, 준비서면, 고소장, 변론요지서, 각종 신청서 등 법률서면 초안을 서식의 목차와 형식에 맞추어 작성해 준다. 예를 들어, 임대차계약 해지 및 건물 인도 소송에 대한 소장 초안 작성을 요청하면 건물 인도 및 차임 등 청구의 소 서식에 맞춰 당사자, 청구 취지, 청구 원인 등이 기재된 소장을 작성한다. 로앤컴퍼니의 '슈퍼로이어', 렉시스넥시스의 'Lexis+ AI', 엘박스의 '엘박스 AI' 등이 이러한 기능을 제공한다.

넷째, 사건이나 문서 기반 지원 서비스다. 이는 사건과 관련한 문서나 이미지 파일 등을 업로드하고 관련 질문을 하면 업로드한 문서 등을 바탕으로 부족한 내용을 찾아 답변하는 서비스를 말한다. 보험사기 사건의 피고인에 대한 변호인이 사건 자료를 업로드하면 피고인의 주장을 보충하기 위한 자료 목록(진료 기록, CCTV, 탄원서, 진술서 등)과 각 자료가 필요한 이유를 제시할 수 있다. 로앤컴퍼니의 '슈퍼로이어'와 엘박스의 '엘박스 AI' 등이 해당 유형의 서비스를 제공하고 있다.

다섯째, 사례에 대한 문제 해결 서비스다. 이용자가 특정 사례를 입력하고 이에 대한 법적 판단을 요구하면, AI 서비스가 질문 내용 분석, 키워드 추출, 상황 및 문제점 파악, 관련 법률·판례 검색 및 적용, 유사 사안 검색 및 참고, 핵심 내용 정리 등의 절차를 거쳐 답변을 제공한다. 예를 들어, 근로자의 해고 정당성 여부에 관한 질문에 AI가 관련 법률 조항, 판례, 유사 사안을 근거로 답변을 제공하는 식이다. 로앤굿의 '로앤서치', 인텔리콘의 '법률메카' 등이 이 분야에서 활동한다.

여섯째, 번역 서비스다. 기존 번역 기술에 AI가 법률에 특화된 학습을 거친 서비스로, 해외 계약서, 약관, 정관, 법령, 판결문 등 여러 종류의 법률문서를 번역한다. 로앤컴퍼니의 '슈퍼로이어', 비에이치에스엔의 '앨리비' 등이 있으며, 법무법인 광장과 태평양은 자체 번역 AI 프로그램을 사용하고 있다.

마지막으로, 자문 서비스다. 특정 로펌의 기존 자문 사례를 학습한 AI가 새로운 자문을 요청받았을 경우 유사한 과거 자문 사례를 찾아 분석한 후 자문 초안을 생성하여 제공한다. 비에이치에스엔의 '앨리비', 휴맥스아이티의 'Law.ai' 등이 관련 서비스를 제공한다.

변호사 업무 효율성 증대 및 역량 강화

AI 기술은 변호사 업무의 효율성과 정확성을 크게 향상시키는 잠재력을 지닌다. 다수의 연구에서 생성형 AI가 활용되기 적합한 업무 분야는 기초적인 문서 검토, 법률 조사, 법률문서 작성이라고 할 수 있다. 특히 다량의(high-volume), 낮은 가치의(low-value), 시간 소모가 큰(time-consuming) 일상적인 법률사무에 있어 AI의 활용 가능성이 높은 것으로 보인다. 2023년 미네소타 대학교 로스쿨의 연구에 따르면, ChatGPT-4의 보조적 지원이 소장, 계약서 작성 등 임무 수행 시간을 대폭 절감시켰다는 점이 주목받았다. 이러한 효율성 증대는 변호사가 단순 반복적인 업무에서 벗어나 전략적으로 중요한 업무에 집중하고, 더 나아가 업무 영역을 확장하는 새로운 기회를 창출할 수 있게 한다. AI가 법률 업무를 재정의하고 있으며, 이는 단순한 업무 생산성 증대가 아니라 변호사 역량의 획기적 증진을 가져올 수 있음을 의미한다.

대규모 언어 모델(LLM) 기반의 생성형 AI는 '일상용어로 행해진 질문에 대해 변호사의 조언과 유사한 맞춤형 답변을 제공하는' 것을 가능하게 하여 법률서비스의 진입 장벽을 낮추는 데 획기적인 역할을 할 수 있다. 특히 저소득층/중산층과 같이, 법률서비스의 경제적 부담으로 인해 법적 조력을 받지 못했던 이들에게 AI는 염가의 자동화된 법률서비스 이용을 가능하게 한다. 2023년 사법연감 통계에 따르면, 2017년부터 2021년까지 처리된 제1심 민사 본안 사건 중 당사자 쌍방이 변호사를 선임하지 않은 소위 '나홀로 소송(본인 소송)'의 비율이 약 72.1%에 달한다. 이러한 높은 비율은 변호사 수임료에 대한 부담이 크게 작용하는 것으로 분석되며, 생성형 AI의 활용은 사법 접근성 보장의 관점에서 정당화되고 있다.

AI가 가속화하는 법률서비스 시장의 플랫폼화는 로펌의 사업 모델에도 근본적인 변화를 요구하여, 로펌은 이제 기술, 자본, 데이터 관리, 분업화를 포괄하는 새로운 구조로 변화할 필요성이 커지고 있다. 기존 로펌의 이익 분배 구조에서는 리걸테크에 대한 장기적인 투자와 개발이 어려우므로, 로펌의 지배 구조 개혁과 외부 투자를 가능하게 하는 제도적 변혁의 필요성도 커지고 있다. 이는 로펌이 스스로 일반인용 리걸테크 서비스를 시도하는 경우 특히 중요하게 작용한다. AI는 단순 반복 업무를 자동화하고 상품화하는 역할을 하며, 주니어 변호사나 단독 개업 변호사, 소규모 로펌의 업무 수요를 감소시킬 수 있지만, 동시에 이들에게 기존 대형 로펌만이 가지고 있었던 인적 · 물적 인프라를 제공하여 경쟁력을 강화하는 기회로 작용할 수도 있다.

AI 활용 시 변호사의 역할 변화 및 윤리적 고려

AI의 한계와 위험성에도 불구하고 변호사는 AI 활용을 통해 업무의 효율성을 높일 수 있지만, 그 과정에서 엄격한 윤리적 의무와 책임을 준수해야 한다. 미국 변호사협회(American Bar Association, ABA)는 변호사의 생성형 AI 사용에 대한 공식 의견(Formal Opinion 512)을 통해 다음과 같은 윤리적 의무와 관련한 기준을 제시하고 있다.

첫째, 전문적 역량 의무다. 변호사는 자신이 사용할 수 있는 생성형 AI의 기능과 한계를 합리적인 수준으로 이해해야 한다. AI 결과물의 정확성과 편향에 대해 비판적으로 분석하고 필요한 경우 보완, 개선해야 하며, AI를 과신하거나 남용하지 않아야 한다. 변호사는 AI를 사용하여 자신의 전문성으로 감당할 수 있는 사건보다 더 많은 사건을 수임해서는 안 되며, 충분한 전문성을 갖추지 못한 법률 분야로 업무 영역을 확장하기 위해 AI에 의존하는 것은 지양해야 한다. 만약 변호사가 특정 분야에 지식이나 경험이 전혀 없는 상태에서 AI에 의존한다면, AI 결과물에 오류가 있을 때 이를 찾아낼 수 없어 의뢰인에게 하자 있는 결과물을 제공하게 되기 때문이다. 따라서 AI 시대에는 변호사로서의 역량과 전문성을 유지하기 위한 지속적인 학습과 교육이 더욱 중요해진다.

둘째, 비밀 유지 의무 및 개인정보 보호 의무다. 변호사는 고객의 정보가 적절하게 보호되도록 적합한 조치를 해야 하며, 이를 위해 고객과 협의하고 AI 서비스 제공업체와 관련 보호 조치를 논의해야 한다. 특히 변호사가 제3자인 생성형 AI 플랫폼을 활용하면서 프롬프트(Prompt)에 의뢰인의 데이터를 업로드하는 것은 기밀유지 의무 위반이 될 수 있으므로, 프롬프트 작성 시 기밀정보가 공개되지 않도록 주의해야 한다. 오픈AI와 같은 대중적으로 접근이 가능한 오픈소스 플랫폼은 이용자 데이터를 수집하고 제3자에게 제공할 수 있다는 점을 인지하고, 로펌이나 기업 법무팀을 위한 특화 서비스처럼 정보 보안 및 프라이버시를 보증하는 명시적인 규정을 갖춘 AI 서비스를 선택하는 것이 바람직하다.

셋째, 의뢰인과의 소통(투명성) 및 협의 의무다. 변호사는 고객에게 생성형 AI의 사용 방법, 이점 및 관련된 잠재적 위험을 설명해야 한다. 이러한 절차를 통해 고객이 관련 정보를 기초로 결정을 내릴 수 있도록 해야 한다. 구체적으로는 AI 기술의 활용 목적과 범위, 이득 및 잠재적 문제점, 기술 유형, 작동 방식, 공유될 수 있는 의뢰인 정보 등에 대한 설명이 이루어져야 한다. 또한 AI 활용으로 업무 시간을 현저히 단축할 수 있는 경우, 이를 의뢰인에게 적절히 설명하고 이를 고려해 적정한 보수 계약을 체결해야 하는 책무도 소통 의무를 통해 설명될 수 있다.

넷째, 법원에 대한 정직 의무(Candor Toward the Tribunal)다. 변호사는 법원에 제출되는 모든 정보가 정확하고 진실하다는 것을 보장해야 하며, 여기에는 생성형 AI가 만들어 낸 결과물에 대한 검토와 확인이 포함된다. AI의 '환각' 현상으로 인해 허위 판례를 법원에 제출했다가 징계받거나 벌금을 받은 미국 사례는 변호사의 검증 책임의 중요성을 명확히 보여 준다. 최종 판단의 책임은 언제나 법관에게 있다는 점과 마찬가지로, 변호사가 AI를 이용해 자료를 생성하거나 법적 판단에 도움을 받는 경우도 이용자인 변호사가 최종 책임을 부담해야 한다.

다섯째, 감독 의무다. 선임 변호사는 AI를 활용하는 변호사 및 법률 보조원의 작업을 감독해야 한다. AI를 활용하여 서면을 작성하는 것은 잠재적으로 AI '환각'의 위험이 있으므로, 관리 · 감독 권한을 갖는 변호사는 자기 권한 내의 다른 변호사가 AI 도구를 활용할 때도 이에 대한 적절한 관리 · 감독을 이행해야 한다. 이 의무는 인간이 아닌 AI 시스템에 대해서도 적용이 가능한 것으로 해석된다.

여섯째, 편향성 방지 의무다. AI는 훈련 데이터에 내재된 인종, 성, 종교, 민족, 국가 출신, 장애 등에 관한 편향된 과거 정보를 수집하여 편향된 결과를 생성할 수 있다. 변호사는 이를 인식하고 AI가 훈련하는 데 사용되는 데이터가 다양한지, 사회의 여러 입장을 대표하는지 확인해야 하며, AI가 내놓은 결과물에 편향된 정보가 포함될 가능성을 면밀하게 검증해야 한다.

리걸테크 시장의 성장과 변호사 규제의 과제

AI의 발전과 함께 리걸테크 시장은 폭발적으로 성장하고 있다. 2023년 전 세계 리걸테크 시장 규모는 약 300억 달러로 추정되며, 2032년에는 700억 달러에 이를 것으로 예상된다.

그러나 국내 리걸테크 시장은 글로벌 리걸테크 시장에 비해 아직 초기 단계다. 국내 리걸테크 산업의 가장 큰 도전 과제 중 하나는 비변호사의 법률사무 수행(Unauthorized Practice of Law, UPL) 규제다. 변호사법 제109조는 변호사가 아닌 자가 금품 등을 받고 법률 상담이나 법률관계 문서 작성, 그 밖의 법률사무를 취급하거나 알선하는 것을 형사 처벌 대상으로 규정하고 있다. 여기서 '법률사무'의 범위가 어디까지인가가 쟁점이 된다. 판례는 법률관계 문서 작성을 포함한 '일반의 법률사무'를 '법률상 효과를 발생, 변경, 소멸시키는 사항의 처리 및 법률상의 효과를 보전하거나 명확화하는 사항의 처리'로 정의하여, 소장, 계약서, 위임장 등 다양한 문서 작성이 법률사무에 해당한다고 본다.

법률문서 자동 작성 서비스의 경우, 현재 국내에서 운영되는 서비스는 주로 법률문서의 유형을 이용자가 선택하고 빈칸을 채우면 문서가 완성되는 형태다. 이러한 서비스는 변호사나 로펌이 아닌 일반 회사가 주체인 경우가 많다. 대한변호사협회는 법률문서 자동 작성이 법률사무에 해당하므로, 변호사법에서 허용하는 법률사무소, 로펌 등을 통해서만 가능하고, 주식회사를 통해서는 제공할 수 없다고 본다. 따라서 일반 회사가 이러한 서비스를 유상 제공하는 것은 변호사법 제109조 위반에 해당하며, 변호사가 그러한 일반 회사에 주주로 참여하거나 임원이 되는 것도 허용되지 않는다는 엄격한 태도를 보인다.

그러나 학계에서는 현 수준의 법률문서 자동 작성 서비스가 변호사법 제109조의 '법률사무 취급'에 해당하지 않는다고 해석해야 한다는 견해도 있다. 이러한 견해는 현재 서비스가 법률문서 양식과 선택, 빈칸 입력 방법을 디지털화한 것에 불과하며, 이용자의 입력에 따라 사전에 프로그램된 결과물이 생성될 뿐, 법적 추론을 거쳐 구체적인 법적 조언을 제공하는 법률사무로 보기 어렵다는 점을 근거로 한다. 또한 이용자가 이러한 서비스에 변호사와 동일한 수준의 신뢰를 부여하지 않는 것으로 보이며, 서비스의 효용이 위험보다 크고 소비자 구제 방법이 없지 않다는 점도 고려된다.

해외에서는 규제 개혁 논의가 활발히 진행 중이다. 영국은 대체 법률 법인 제도(Alternative Business Structure, ABS)를 도입하여 비변호사의 로펌 소유나 지분 참여를 허용함으로써 법률서비스 시장의 규제를 완화했다. 이는 혁신적인 리걸테크 서비스의 성장을 촉진하고 저비용 서비스 제공을 가능하게 했다. 미국 유타주는 규제 샌드박스를 통해 미국변호사협회(ABA) 모범 윤리 규범 제5.4조(비변호사의 로펌 소유 금지 등) 및 제5.5조(비변호사의 법률사무 수행 금지) 면제를 모두 허용하여 혁신적인 법률서비스 형태를 가능하게 했다. 애리조나주도 제5.4조의 폐지를 개혁 대상으로 삼아 비변호사의 로펌 소유와 이익 분배를 폭넓게 자유화했다. 이러한 규제 개혁은 기술 도입과 혁신을 촉진하고 소비자 만족도를 높이는 성과를 보여 준다.

국내에서는 '리걸테크 진흥 법안'이 국회 상임위원회 심의 단계에 머물러 있는 등 관련 정책 논의가 지연되고 있다. 법무부의 허가제를 통한 사업 진입 부담은 일정 금액의 자본금 보유, 변호사 등 전문 인력 및 시설 · 장비 보유 등의 요건을 요구하여 스타트업의 성장을 저해할 수 있다는 우려도 제기된다. 이러한 상황은 규제와 진흥 사이의 균형을 고려한 정책 정비가 시급함을 보여 준다. AI 시대에 대응하려면 규제와 진흥의 균형을 고려한 정책 정비가 필요하며, 리걸테크의 법제권 편입 여부가 국내 법률 산업의 경쟁력을 결정할 중요한 요소로 작용할 것이다. 경직적인 규제 체계에서 벗어나 시민의 사법 접근권 증진, 법률 시장의 확대, 소비자 보호 등 여러 가치를 실현시키는 바람직한 규율 방향을 수립하는 것이 현재의 당면한 과제다.

참고문헌

정채연(2024). "생성형 AI를 활용한 법률서비스의 쟁점과 과제". 《법학연구》, 35(3), 401~443쪽.

한권탁(2024). "법률사무에 있어 인공지능(AI)의 활용과 변호사 윤리". 《법조》, 73(5), 282~320쪽.

한애라(2020). "법률문서 자동 작성 서비스의 규율에 관한 연구". 《민사소송》, 24(3), 391~447쪽.

한애라(2024). "리걸테크와 법률서비스의 규율: 일반인용 리걸테크 서비스에 관한 영미법계 동향을 중심으로". 《사법》, 1(70), 81~144쪽.

American Bar Association(2024). Formal Opinion 512 (Generative Artificial Intelligence Tools). Standing Committee on Ethics and Professional Responsibility. https://www.americanbar.org/content/dam/aba/administrative/professional_responsibility/ethics-opinions/aba-formal-opinion-512.pdf

03
검찰의 AI 활용

AI 기술은 기소 여부 결정, 범죄 예측, 재범 위험 분석 등 형사 사법 절차의 핵심 영역에 도입되어 검찰 업무의 효율성을 획기적으로 향상시킬 잠재력을 보여 준다. 그러나 검찰이 AI 시스템을 활용할 때는 국가 형벌권 행사의 적법성, 피고인의 기본권 보장, 공정성 등의 가치를 훼손하지 않도록 엄격한 윤리적 기준과 통제 장치가 요구된다.

인공지능과 편향?

AI를 활용한 범죄 예측 및 수사 지원

AI 시스템은 형사 사법 절차의 효율성과 정확도를 높이는 데 기여할 수 있는 잠재력을 지닌다. 특히 검찰이 관여하는 수사 및 공소 유지 단계에서 AI는 여러 방식으로 활용될 수 있으며, 이는 전 세계적으로 형사 사법 절차상 AI 시스템 도입의 움직임으로 나타나고 있다. 실제로 중국에서는 AI 시스템이 신문조서를 읽고 기소 여부를 결정하는 'AI 검찰관'이 개발되어 97%의 정확도에 달했다고 발표된 사례가 있다. 이러한 AI 검찰관이 판단 가능한 범죄 유형으로는 신용카드 사기, 도박장 운영, 난폭운전, 절도 등 8가지가 제시되었다.

AI 시스템의 가장 주목받는 활용 영역 중 하나는 범죄 예측 및 위험 평가다. AI는 범죄 발생 시간과 장소, 재범 위험성 등을 예측하는 알고리즘으로 개발되어 형사 절차에 활용될 수 있다. 미국에서는 여러 경찰서에서 예측적 경찰 활동(predictive policing)을 위해 범죄 발생 시간 및 장소 예측 기술과 범죄자 예측 기술을 활용하고 있으며, 법원에서도 도주 및 재범 위험성 예측 기술을 보석 허가 여부 판단이나 양형 판단에 활용하고 있다. 이러한 위험 평가 도구들은 일반적으로 범죄 혐의로 기소된 사람 또는 수감된 사람과 관련된 위험 수준을 평가하는 데 사용된다.

검찰은 AI 기반 법률서비스 플랫폼을 활용하여 업무의 효율성을 증진하고 있다. 국내에서도 대검찰청, 경찰청 등이 AI 기반 법률 정보 서비스를 도입하거나 그 활용을 고려하고 있음이 보고되었다. 변호사를 대상으로 하는 AI 기반 서비스는 법률 정보 조사, 계약서 검토, 법률 서면 초안 작성, 사건이나 문서 기반 지원, 사례에 대한 문제 해결 등 다양한 형태로 제공되며, 검사들 역시 법률 전문가만을 대상으로 하는 AI 기반의 검색 및 리서치 플랫폼을 사용하고 있음이 확인된다. 이러한 서비스는 단순한 키워드 검색을 넘어, 이용자의 요청을 분석하고 관련 데이터를 바탕으로 정리된 결과물을 제공함으로써 업무 효율을 높인다.

AI 활용에 따른 형사 사법 절차상 AI 시스템의 편향성 및 차별 문제

AI가 형사 사법 절차에 도입될 때 가장 심각한 윤리적 문제 중 하나는 편향성(bias)과 그로 인한 차별 가능성이다. AI 시스템은 방대한 양의 데이터를 학습하지만, 이 과정에서 알고리즘은 인종, 성, 종교, 민족, 장애 등에 있어 편향된 과거 정보를 수집하거나 반영할 수 있으며, 이에 따라 부당하거나 차별적인 결과를 초래할 수 있다. 검찰은 공익의 대표자로서 평등 원칙(헌법 제11조 제1항)을 보장해야 할 핵심 책무를 지니므로, AI 활용 과정에서 이러한 편향성 문제를 가장 경계해야 한다.

AI 시스템이 훈련된 데이터세트에 기반하여 응답을 생성하는 특성 때문에, 훈련 데이터에 내재된 오류나 사회적 편견이 결과물에 반영될 가능성을 항상 전제해야 한다.

따라서 검찰은 AI를 활용하여 자료를 생성하거나 형사 사법 절차에 도입할 때, AI가 훈련하는 데 사용되는 데이터가 사회의 다양한 입장을 대표하는지 확인해야 하며, 결과물에 성별, 인종, 국적, 지역, 종교, 사회적 계층 등 특정 정보에 따른 편향된 정보가 포함될 가능성을 면밀하게 검증해야 한다. 유럽사법재판위원회(Commission européenne pour l'efficacité de la justice, CEPEJ)가 2018년 발표한 '사법부의 AI 사용에 관한 윤리 헌장'에서도 AI 도구 및 서비스가 기본적 인권 및 비차별 원칙과 양립될 수 있도록 보장할 것을 명시하고 있으며, 이는 검찰의 AI 활용에도 중요한 지침이 된다.

AI 알고리즘의 투명성 및 설명 가능성 확보 의무

형사 사법 절차에 사용되는 AI 시스템은 피고인의 자유와 권리에 중대한 영향을 미치므로, 그 작동 방식에 대한 투명성과 설명 가능성이 높은 수준으로 요구된다. 그러나 딥러닝과 같은 복잡한 AI 기법은 학습을 통해 귀납적으로 생성되므로, 특정 입력에 대한 출력의 이유를 인간이 명확히 이해하기 어렵다. 이러한 불투명성은 AI 알고리즘의 결함 여부나 책임 주체 등을 식별하기 어렵게 한다.

AI 알고리즘의 소스 코드나 학습 데이터는 통상 영업비밀 또는 지적재산권으로 보호되는 경우가 많아 법적으로 공개가 가능하지 않을 수 있다. 하지만 형사 사법 절차에서는 피고인의 방어권 보장을 위해 알고리즘의 투명성을 확보해야 할 필요성이 크다. 법원이 AI 시스템 도입 시 데이터 출처 및 선별 과정, 훈련 과정, 채택된 알고리즘 등 세부 사항을 문서화하고, 공공의 신뢰와 적법 절차 원칙 보장을 위해 그 전부 또는 일부를 공개할 것을 제안받는 것과 마찬가지로, 검찰이 AI 시스템을 수사 및 기소에 활용할 때 이러한 과정이 동일하게 적용되어야 한다.

알고리즘 자체가 100% 투명하게 공개되기 어려운 경

우, 사후적으로 '설명 가능한 AI(eXplainable AI, XAI)' 기법을 동원하여 결괏값이 나오는 데 어떠한 변수가 얼마만큼 기여했는지 확률적으로 계산하는 방식으로 심증을 형성할 수 있다. XAI 기법을 통해 알고리즘의 의사 결정 구조를 분석하기 위해서는, 영업비밀 침해를 최소화하면서도 충분한 입력값과 결괏값 데이터가 확보되어야 한다. 검찰이 수사 과정에서 AI 시스템을 활용하여 확보한 자료를 제출할 경우, 해당 알고리즘의 신뢰성을 보장하기 위해 사용된 AI 도구, 입력된 프롬프트, 결과물의 정확성을 검증하기 위해 취한 조치 등을 구체적으로 밝힐 필요가 있다.

AI 활용의 적법성 원칙과 책임 소재

AI 시스템이 한 국가의 형사 사법 절차에 도입될 때, 이는 해당 국가의 전체 법질서와 조화를 이루어야 하며, 특히 필요한 경우 형사소송규칙 등 관련 법규에 그 활용 근거 및 한계가 명확히 규정될 필요가 있다. 이는 적법절차 원칙(대한민국 헌법 제12조제1항에 명시된)의 구체화와 관련되며, 법관의 판단이나 사법 절차 진행에 AI가 관여하게 될 경우, 당사자들이 절차에 관하여 적정 수준으로 이해하고 참여할 기회를 제공해야 한다. 특히 형사 사법 절차는 국민의 신체의 자유를 직접적으로 제한하므로, 검찰은 AI 활용이 피의자 또는 피고인의 방어권과 변호인의 변호권에 중대한 영향을 주지 않도록 유의해야 한다.

AI는 검찰의 업무를 보조하는 도구에 불과하며, AI가 생성한 결과물에 오류나 부정확성이 존재하더라도 최종적인 법적 및 윤리적 책임은 이를 사용한 검사에게 있다는 책임성의 원칙이 명확히 확립되어야 한다. 검찰은 법관과 마찬가지로 AI 결과물의 '자동화 편향'을 경계하고, AI가 제공한 정보가 법적 원칙, 증거, 경험칙과 일치하는지 비판적으로 평가해야 한다.

AI 환각 현상의 위험에 빠지지 않으려면, 검찰은 AI를 활용하여 수집 또는 분석한 자료를 법원이나 수사기관에 제출할 때, 해당 자료가 정확하고 적절한지 확인해야 할 의무를 지닌다. 따라서 검찰은 AI의 결과물이 허구이거나 훈련 데이터의 오류와 편견을 반영할 수 있음을 인지하고, 우수한 성능의 AI를 사용하며, 정확하고 신뢰도 높은 정보를 입력해야 한다.

AI 기반 법률 정보 검색 및 문서 작성의 효율성

AI 기술은 검찰의 일상적 업무, 특히 법률 정보 검색, 문서 요약, 서면 초안 작성 등에서 상당한 시간 단축과 효율성 증대를 가져온다. 검사들은 방대한 판례 데이터베이스(DB)를 기반으로 하는 생성형 AI 기반의 판례 요약 플랫폼이나 법률 AI 비서 서비스를 활용하여 법률 리서치를 수행할 수 있으며, 복잡한 사건의 쟁점을 정리하고 증거 자료를 분석하는 데 도움을 받을 수 있다.

AI를 활용하여 수사 자료를 분석하는 경우에도 이에 수반되는 윤리적 의무를 준수해야 한다. 검찰은 AI 기반 법률서비스를 활용할 때, 그 서비스가 의뢰인 또는 국가의 비밀 정보나 사건 관계인의 개인정보를 보호할 수 있는지 확인해야 한다. 상용 AI 도구를 이용할 경우, 해당 서비스 운영자가 입력된 정보를 저장하여 자체 알고리즘 훈련에 사용할 가능성이 있으므로, 검찰은 개인정보나 사건의 구체적 내용을 입력하지 않도록 유의해야 한다. 또한 AI 기반 법률서비스 제공업체는 정보 보안 및 프라이버시를 보장하기 위해, 이용자가 입력한 데이터를 시스템 훈련에 포함하지 않는다는 명시적인 규정을 마련할 필요가 있다.

AI 활용은 검찰의 업무 효율성을 높여주지만, 검사로서의 기본적인 역량과 전문성을 유지해야 할 의무는 언제나 견지되어야 한다. AI가 제공하는 답에 지나치게 의존함으로써 법률 지식을 탐구하고 전문성을 쌓는 활동을 게을리할 위험이 존재한다. 따라서 검찰은 AI가 제공한 결과물의 오류나 부정확성을 검증할 수 있는 법적 역량을 스스로 유지해야 하며, AI 활용이 일상적인 업무 관행으로 자리 잡더라도 지속적인 교육 및 훈련을 통해 AI의 작동 원리, 한계, 잠재적 위험 등에 대한 이해를 발전시킬 필요가 있다.

참고문헌

우빈(2025.6.18). "AI 시대 법조 미래가 한자리에… LTAS 2025 개막". 법률신문.

법원 인공지능연구회(2025). "사법에서의 인공지능 활용에 관한 가이드라인". https://2022.lawtimes.co.kr/data/file/Article-attached/guideline.pdf

임지원(2025.6.25). "[법 곁의 기술③] 검색·추천·요약·작성… 리걸테크가 바꾼 변호사의 하루". 산업일보.

안상원·박규동(2022). "형사 사법 절차상 인공지능(AI) 시스템 도입의 주요 논점". 《한국범죄정보연구》, 8(2), 135~155쪽.

정채연(2024). "생성형 AI를 활용한 법률서비스의 쟁점과 과제". 《법학연구》, 35(3), 401~440쪽.

한권탁(2024). "법률사무에 있어 인공지능(AI)의 활용과 변호사 윤리". 《법조》, 73(5), 282~320쪽.

Gültekin-Várkonyi, G.(2025). AI Literacy for Legal AI Systems: A practical approach. *Iustum Aequum Salutare, 21*, pp.1~30.

Razmetaeva, Y.(2025). Algorithmic Predictions, Justice and

Privacy. *EU Law in the Digital Age*, pp.139~147. Hart Publishing.

04
사법 행정과 AI

사법 행정이란 법원이 사법 작용을 원활하게 수행할 수 있도록 법원 조직과 인력, 예산, 사무, 시설 등 각종 지원과 운영을 총괄하는 관리 및 집행 활동을 의미하며, 이는 판결 등 본래의 재판 기능과는 구별되고 사법의 독립성을 뒷받침하기 위해 존재한다. AI 기술의 급격한 발전과 함께 그 효율성과 범용성이 사회 전반에 걸쳐 패러다임의 전환을 가져오고 있으며, 이러한 시대적 변화의 큰 물결은 사법부의 행정 시스템에 AI 도입 및 적용을 촉진한다.

청각장애인과 AI?

사법 행정 시스템 개발의 추진 방향과 효율성 극대화

우리나라 사법부는 AI 도입을 사법 판단뿐만 아니라 다양한 내 · 외부 업무 처리를 위한 시스템 개발을 추진하고 있다. 대법원이 추진하는 '재판 업무 지원을 위한 AI 플랫폼 구축 및 모델 개발 사업'은 법관의 AI 활용을 위한 구체적인 로드맵을 제시하는 대규모 행정 사업이다. 이 사업에는 145억 원의 예산이 투입되며, 법원 업무에 특화된 AI 모델과 지능형 검색 및 리서치 서비스를 개발하는 것을 목표로 한다. 구체적으로는 판결문, 법령, 학술 논문 등 방대한 법률 데이터를 AI가 신속하고 정확하게 검색하고 분석하는 AI 기반 법률 정보 검색 및 리서치 서비스와 방대한 소송 기록이나 제출된 서면에서 핵심 쟁점, 관련 사실 관계, 주요 증거 등을 AI가 자동으로 파악하고 요약하여 법관의 업무 부담을 경감시키는 재판 자료의 쟁점 사항 자동 추출 및 요약 기능이 포함된다.

이러한 AI 시스템 도입의 궁극적인 행정적 목표는 법관의 업무 효율성을 극대화하여 법관의 역량을 극대화하는 데 있다. AI는 법관이 단순 반복적인 문서 작성에서 벗어나 판단의 본질적 부분에 역량을 집중하는 데 기여한다. 실제로 AI는 학습된 방대한 판례 데이터를 기반으로 유사 사건의 판결문 구조와 내용을 분석하여 판결문 초안 작성 기능을 제공함으로써 문서 작업이 주를 이루는 법조인의 업무를 대폭 자동화하고 인간의 업무를 대체할 잠재력을 가진다.

AI 기반의 사법 정보화는 사법 접근성 향상이라는 공익적 목표에도 기여한다. 특히 사회적 약자의 사법에 대한 실질적인 접근권을 향상하는 AI, 가령 장애인의 사법 접근권 향상을 위한 AI 시스템의 도입이 우선적으로 고려될 수 있다. 또한 경제적으로 부담이 크거나 정보 부족으로 접근할 수 없었던 법률서비스를 저렴하고 편리하게 이용할 수 있게 되어, 일반 국민의 사법 접근권을 확대하는 데 중요한 역할을 할 수 있다.

대한민국의 사법 정보화는 과거 열정 있는 법관들이 주도적으로 종합 법률 정보 시스템 등을 구축하여 한때 '세계 랭킹 3위 안에 드는 것'으로 평가받았지만, 현재는 중국 등 다른 국가들로부터 추월당한 상황이어서 AI를 기반으로 한 신개념의 차세대 사법 정보화 추진을 통한 도약이 필요한 시점이다. 대한민국 사법부는 이러한 AI 시스템의 도입을 통해 법원 업무 일선에서 효율과 능률 제고에 도움이 되기를 바라고 있다.

AI 도입을 위한 거버넌스 원칙과 법규범 정비

사법 행정 차원에서 AI 시스템을 개발하고 도입하는 과정에서는 기술적 효율성보다 사법부의 핵심 가치(기본권 보장, 사법 신뢰 확보)가 최우선으로 고려되어야 한다. 법원 인공지능연구회는 2025년 2월 발간한 '사법에서의 인공지능 활용에 관한 가이드라인'을 통해 사법부 AI 도입이 지켜야 할 여섯 가지 기본 원칙(기본권 및 헌법적 가치 보장 원칙, 신뢰성의 원칙, 합법성의 원칙, 책임성의 원칙, 투명성의 원칙, 미래지향성의 원칙)을 제시했다. 이 중 신뢰성의 원칙은 AI 시스템이 사용 목적에 부합하는 정확성을 담보해야 하며, 훈련 데이터의 편향성을 배제 또는 최소화할 기술적 조치를 확보해야 한다고 요구한다.

특히 합법성의 원칙은 사법부에 도입되는 AI 시스템이 대한민국의 전체 법질서와 조화를 이루어야 하며, 민사소송규칙, 형사소송규칙 또는 각종 예규 등에 그 시스템 활용의 근거 및 한계가 규정될 필요가 있음을 의미한다. AI가 법관의 판단이나 사법 절차 진행에 관여할 경우, 단순한 기계적 · 자동적인 작업을 수행하는 것이 아니라면 당사자들에게 업무 처리 과정에 관하여 적정 수준으로 이해하고 참여할 기회를 제공해야 한다는 적법

절차 원칙 준수도 중요하다. 또한 사법부는 AI의 훈련 및 사용 과정에서 개인정보 보호법과 지식재산권법 등의 관련 법령을 준수해야 한다.

투명성의 원칙은 AI 시스템 도입 시 데이터의 출처 및 선별 과정, 훈련 과정, 채택된 알고리즘 등 세부 사항을 문서화하는 것이 바람직하며, 사법부에 대한 공공의 신뢰 등을 고려하여 그 전부 또는 일부를 일반 대중에게 공개하는 것을 고려해야 한다고 규정한다.

나아가 기본권 및 헌법적 가치 보장 원칙에서는 AI가 기존의 편향된 데이터를 학습하여 차별을 강화할 우려를 경계하며, 훈련 데이터나 결과물이 편향되어 있지 않은지 등을 확인하고 평가할 필요가 크다고 강조한다. 사법 행정 AI가 편향성을 반영하여 사건 분류나 자료 배분 등에서 차별적인 결과를 낸다면 헌법상 평등 원칙에 위배될 수 있기 때문이다.

책임성의 원칙은 AI가 법관의 판단을 보조하는 수단이므로, 이용자인 법관이 결과물의 정확성을 확인하고 검증할 최종적인 책임을 부담한다는 전제하에 AI 시스템이 설계되어야 함을 요구한다. 법원행정처 등 개인정보 처리자에 해당하는 사법부 기관은 AI 시스템 도입 시 개인정보 보호법 제37조의2에 따라 인공지능을 포함한 완전히 자동화된 시스템으로 결정을 내리는 경우 정보 주체에게 거부할 권리와 설명을 요구할 권리 등을 보장할 필요가 있다.

사법 시장 규율 패러다임 변화와 국제적 시사점

AI 기반 리걸테크의 발전은 법률서비스 시장의 규율 패러다임을 전통적인 모델에서 소비자 및 경쟁을 강조하는 새로운 모델로 변화시키고 있다. 전통적인 전문가-독립 모델(Expert-Independence Model)은 법률서비스를 일반적인 시장 이론이 적용되지 않는 예외적인 분야로 취급하며, 비변호사의 로펌 소유 및 이익 분배(구조 규제)나 비변호사의 법률사무 수행을 엄격히 금지하여 변호사의 독립성과 공익성을 보장하고자 한다. 이는 대한민국의 법률 시장 규율 체계와 대체로 유사하다.

그러나 AI 시대의 도래와 함께 적은 비용으로 더 많은 서비스를 요구하는 수요와 법률서비스 시장의 자유화 추세가 맞물리면서, 규제 개혁을 통해 경쟁을 촉진하고 법률서비스 비용을 감소시켜 소비자의 사법 접근성을 증진해야 한다는 소비자-경쟁 모델이 힘을 얻고 있다. 일반인용 리걸테크 서비스 시장이 성장하면서, 기존에는 법률서비스에 접근할 수 없었던 저소득층이나 소외 계층의 사법적 니즈(needs)를 충족시켜 사법 격차(justice gap)를 해소할 수 있다는 정당성이 제시된다.

영미법계에서는 이러한 변화에 대응하여 규제 개혁을 시도했으며, 그 대표적인 성공 사례로 미국의 유타주와 애리조나주가 꼽힌다. 유타주 법률 샌드박스(Regulatory Sandbox)는 변호사 윤리 규범 제5.4조(구조 규제) 및 제5.5조(행위 규제, UPL)의 면제를 모두 대상으로 허용함으로써 기술적 혁신과 소비자 수요를 광범위하게 반영하며, 비변호사인 사람이나 소프트웨어가 법률서비스를 제공하는 것을 가능하게 한다. 반면 애리조나주의 대체 법률 법인 제도(ABS)는 오로지 제5.4조(로펌 소유 구조 및 이익 분배 구조)의 폐지만을 개혁 대상으로 삼아, 비변호사의 로펌 소유를 자유화했으나 실제 법률서비스 제공 주체는 여전히 변호사로 제한한다.

이러한 규제 개혁의 성과는 일반인의 법률서비스 접근권 강화, 효율적이고 통합적인 사업 모델 확산, 높은 소비자 만족으로 요약되며, 규제 완화가 기술의 도입과 혁신을 촉진한다는 점을 시사한다. 국내 리걸테크 시장 규제는 현재 비변호사의 법률사무 수행 문제(행위 규제)에 논의가 집중되고 있으나, 장기적인 서비스 발전을 위해서는 로펌의 지배 및 이익 분배 구조를 다루는 구조 규제 문제에 대한 검토가 함께 요구된다. 나아가, 법률 AI 기술이 언어의 장벽을 넘어 타국에서도 대한민국 법에 관한 조언을 제공할 수 있게 된 상황에서, 국내적 규제 체계를 고수하는 것은 현실적으로 어려울 뿐만 아니라 리걸테크 시장을 외국 업체에 빼앗기는 결과로 이어질 수 있다는 지적이 있다.

AI 알고리즘의 행정적 불투명성과 투명성 확보 방안

딥러닝과 같은 머신러닝 기법에 기반한 AI 알고리즘은 블랙박스 특성을 가진다. 이는 알고리즘이 연역적인 방법이 아니라 반복 학습을 통해 귀납적으로 생성되므로, 특정 입력값으로부터 결괏값이 도출된 이유를 인간이 정확하게 설명하기 어렵다는 기술적 불투명성에서 기인한다. 또한 알고리즘 자체가 영업비밀이나 지적재산권 등의 이유로 법적으로 공개 불가능한 법적 불투명성도 존재한다. 이러한 불투명성은 AI 시스템의 결함 여부, 책임 주체, 과실 판단 기준 등에 대한 논의를 어렵게 만들며, 사법 행정 시스템 관리의 중대한 행정적 쟁점이 된다.

이러한 불투명성을 극복하기 위해 사법부 AI 시스템

개발 및 도입 시 투명성의 원칙을 관철하는 것이 핵심 행정 과제다. 사법부는 데이터의 출처 및 선별 과정, 훈련 과정, 채택된 알고리즘 등 세부 사항을 문서화하고, 공공의 신뢰를 고려하여 그 전부 또는 일부를 공개하는 것을 고려해야 한다. 이는 헌법상 적법절차 원칙과 공개 재판을 받을 권리를 보장하기 위한 목적도 가진다. 법원행정처는 AI 시스템을 통해 업무를 처리하는 과정에 관하여 당사자들에게 충분히 이해하고 참여할 기회를 제공해야 한다는 적법절차 원칙의 취지를 고려해야 한다.

AI 알고리즘의 기술적 불투명성에도 불구하고, 전문가들이 설명 가능한 AI(XAI) 기법을 동원하여 결괏값이 나오는 데 어떠한 변수가 얼마나 기여했는지를 확률적으로 계산하는 것은 어느 정도 가능하다. 따라서 사법 절차에서 AI 알고리즘의 내용이 쟁점이 될 경우, 소송의 초기 단계부터 데이터 전문가가 관여하여 감정에 사용될 수 있는 XAI 기법과 필요한 정보의 성격과 양을 조언해 줄 수 있어야 한다. 이러한 절차적 유연성은 영미법계에서 더 뚜렷하게 나타나는 측면이 있다.

AI 시스템의 도입과 관련하여 데이터 관리 및 보호에 관한 행정적 조치도 필수적이다. 법원행정처는 개인정보 처리자로서 AI의 훈련 과정에서 특정한 개인 또는 단체에 관한 편견이 있는 결과물을 생성할 가능성을 줄이기 위해, 사용되는 데이터를 익명으로 처리하는 것을 고려할 수 있다. 또한 사법부가 AI 시스템을 도입하고 이를 훈련하는 과정에서 당사자 등의 지식재산권 또는 영업비밀이 침해되지 않도록 유념하고, 필요한 경우 암호화 등 기술적 보안 조치가 이루어져야 한다. 상용 AI 도구를 사용할 경우, 해당 AI 시스템 운영자가 입력된 정보를 저장하여 훈련에 사용할 수 있다고 전제해야 하므로, 법관을 포함한 사법부 구성원은 개인정보, 사건의 구체적 내용, 영업비밀 등을 입력하지 않도록 유의해야 한다.

참고문헌

강민구(2024). "'호기심 · 탐구심 · 열정'의 36년을 보내고 나서". 《서울지방변호사회 회보》, 648.

법원 인공지능연구회(2025). "사법에서의 인공지능 활용에 관한 가이드라인". https://2022.lawtimes.co.kr/data/file/Article-attached/guideline.pdf

임지원(2025.6.23). "[법 곁의 기술②] AI는 도구일 뿐, 판결 책임은 사람에게… 기술이 보장 않는 공정성". 산업일보.

정채연(2024). "생성형 AI를 활용한 법률서비스의 쟁점과 과제". 《법학연구》, 35(3), 401～443쪽.

한애라(2023). "민사소송에서의 AI 알고리즘 심사". 《민사소송》, 27(1), 187～234쪽.

한애라(2024). “리걸테크와 법률서비스의 규율: 일반인용 리걸테크 서비스에 관한 영미법계 동향을 중심으로”. 《사법》, 1(70), 81~144쪽.

Sushina, T. & Sobenin, A.(2020). Artificial Intelligence in the Criminal Justice System: Leading Trends and Possibilities. *Proceedings of the 6th International Conference on Social, economic, and academic leadership.*

05
법관의 AI 활용

AI 기술은 법관의 업무 수행 방식에 중대한 변화를 예고하며, 재판의 효율성을 높이고 사법 접근성을 획기적으로 개선할 잠재력을 지닌다. 그러나 법관의 독립적인 판단과 헌법적 가치를 수호해야 하는 사법부의 본질적 사명을 고려할 때, AI는 보조적 도구로서 활용되어야 하며 법관의 판단을 대체할 수 없다. 법관은 AI의 한계와 위험성을 명확히 인식하고, 기술적 역량을 바탕으로 윤리적 책임을 다하며 AI를 재판 업무에 신중하게 활용해야 한다.

AI 콘텐츠 크리에이터?

법관 업무의 AI 지원 시스템 도입의 목적과 범위

법관의 AI 활용은 궁극적으로 헌법상 기본권 보장, 사회적 약자 보호, 사법에 대한 신뢰 등 사법의 핵심 가치를 실현하기 위한 수단에 불과하다. 따라서 AI 기술은 사람을 압도하지 않고 본연의 목적에 부응해야 한다. 현재까지 개발된 AI 기술은 인간을 완전히 대체하는 'AI 법관'으로 출현하지는 않았으며, 주로 인간 법관의 재판 업무를 지원하는 형태로 활용된다. 법관이 AI를 활용하는 것을 전제로 할 때, 특히 상용 AI 도구를 사법에 활용하는 것을 금지할 이유는 없다.

AI를 활용한 재판 업무 지원은 법관이 단순 반복적인 작업에서 벗어나 사건의 본질적 판단에 역량을 집중할 시간을 확보하게 한다. 예를 들어, AI의 도움을 받으면 법률문서 작성 시간이 1132% 단축되고 품질은 58% 개선될 수 있다는 연구 결과가 있다. 그러나 AI는 어디까지나 법관의 판단을 보조하는 수단이며, 기술 자체가 법적 판단의 주체가 되어선 안 된다는 점이 명확히 강조된다. 법관은 AI를 안전하고 효과적으로 활용하여 효율성과 사법적 가치 사이의 균형을 유지해야 한다.

AI는 또한 재판의 신속성을 제고하여 법관의 사건 처리 부담을 완화하고 재판 지연 문제를 해소하는 데 도움을 줄 것으로 기대된다. AI 시스템의 개선을 위한 제도적 근거를 지속적으로 검토하고, AI 모델의 변경 및 적용 영역 확장이 원활하게 이루어질 수 있도록 개방적으로 설계되어야 한다. 사법부의 공식 지침은 법관이 AI를 사용할 때 기본권 및 헌법적 가치 보장의 원칙, 신뢰성 및 책임성의 원칙 등이 관철되어야 함을 명시한다.

법관 재판 업무 지원 기능의 구체화

법관의 AI 활용은 크게 네 가지 구체적인 기능을 중심으로 이루어진다. 첫째, AI 기반 법률 정보 검색 및 리서치 서비스다. AI는 판결문, 법령, 학술 논문 등 방대한 법률 데이터를 신속하고 정확하게 검색하고 분석하여, 법관이 사건 해결에 필요한 정보를 효율적으로 찾을 수 있도록 돕는다. 이는 단순한 키워드 검색을 넘어서 질의의 맥락을 이해하고 가장 적합한 법리적 근거를 제시하는 수준으로 발전할 수 있다.

둘째, 재판 자료의 쟁점 사항 자동 추출 및 요약 기능이다. 방대한 소송 기록이나 제출된 서면에서 핵심 쟁점, 관련 사실 관계, 주요 증거 등을 AI가 자동으로 파악하고 요약하여 법관의 업무 부담을 줄여준다. 사법부가 계획하는 AI 분석 모델은 소송 준비서면이나 의견서를 자동으로 요약하고 사건의 쟁점 문장을 분석하는 시스템을 도입하고자 한다. 여기서 사건의 쟁점 문장을 추출하기 위해 전문가가 중요 개념 및 용어 등을 선별한 '라벨링(labeling)' 데이터를 통해 예측 모델을 구축한다.

셋째, 판결문 초안 작성 기능의 개발이다. AI는 학습된 방대한 판례 데이터를 기반으로 유사 사건의 판결문 구조와 내용을 분석하여 초안을 제공할 수 있다. 이러한 AI 분석 모델은 소장, 준비서면, 의견서 등을 기반으로 사건과 유사한 판결문을 자동적으로 추천하는 기능을 제공하여 판결문 작성 시간을 단축하는 데 기여할 것으로 보인다.

넷째, 사건 유사도 기반 분석 및 예측 서비스 제공이다. AI는 유사 사건의 과거 판결 경향이나 법리 적용 사례를 분석하여 법관이 자신의 판단을 형성하는 데 참고 자료를 제공할 수 있다. 이는 형량 예측 또는 소송 결과 예측과 같은 분야에서도 활용 가능성을 내포한다. 실제로 영국의 항소법원 판사가 ChatGPT를 사용하여 법률 요약을 요청하고 '매우 유용하다(jolly useful)'고 평가한 사례도 있다. 이러한 기능들은 법관이 신속하고 일관된 판결을 내리는 데 필요한 자료를 효율적으로 수집할 수 있도록 한다.

민사소송에서의 AI 알고리즘 심사 및 법원의 역할

AI 알고리즘 자체가 민사소송의 실체적 쟁점이 되는 경우, 법원은 AI 알고리즘의 블랙박스 특성을 극복하기 위해 노력해야 한다. AI 알고리즘의 불투명성은 기술적 불투명성 외에도 영업비밀이나 지적재산권 보호에 따른 법적 불투명성에도 기인한다. 법원은 '설명 가능한 AI(XAI)' 기법을 활용하여 알고리즘의 의사 결정 메커니즘을 분석할 수 있으며, 사후적 XAI 기법은 알고리즘의 의사 결정 이유를 확률적으로 설명할 수 있다.

민사소송 심리 시, 법원은 영업 비밀 보호와 실체적 진실 발견 사이의 균형점을 찾는 것이 중요하다. XAI 기법을 통해 알고리즘의 의사 결정 구조를 분석하기 위해서는 최소한 충분한 입력값과 결괏값 데이터를 확보하여 제출받아야 한다. 법원은 이 과정에서 영업비밀 침해를 최소화하면서도 실효적인 감정이 이루어지도록 노력해야 한다.

또한 AI 알고리즘의 분석은 고도의 전문적인 영역이므로, 법원은 전문가의 활용을 통해 기술적인 복잡성이나 난해성을 극복해야 한다. 법원 감정인 외에도 소송당사자가 선임한 사적 감정인(전문가)을 절차에 참여시킴으로써 양측 전문가의 공방을 통해 쟁점을 명확히 하고 법원의 전문적인 이해를 높이는 것이 바람직하다. XAI가 도출하는 설명은 확률적인 것에 불과하며 실제 알고리즘과 동일하지 않다는 한계가 있으므로, 법관은 이를 인지하고 판단해야 한다.

형사 사법 절차에서의 AI 시스템 활용과 법관의 고려 사항

AI 시스템은 형사 사법 절차에서 유용하게 활용될 가능성이 있으며, 특히 죄에 대한 신속한 판결을 통해 피고인의 지위를 실질적으로 보장하는 데 기여할 수 있다. AI는 보석 결정이나 양형 단계에서 피고인의 위험 수준을 평가하는 도구로 활용될 수 있다. 예를 들어 미국 사법 시스템은 보석 결정을 내릴 때 피고인의 연령, 사전 범죄 기록, 범행 혐의의 폭력성 등 몇 가지 요소를 기반으로 위험 평가 도구(PSA 등)를 활용하는 선례가 진행 중이다.

그러나 형사 재판에서 법관의 역할은 법 조문을 적용하는 정형적 업무에 국한되지 않으므로 AI 판사가 법관을 대체할 가능성은 높지 않다. 법관의 업무는 법률적 전문성 외에도 사회적 정의, 국민의 법 감정, 개별 사안의 비난 가능성, 정상(情狀) 관계와 같은 추상적 요소를 함께 고려해야 하는 고도의 사고형 업무이기 때문이다. AI

가 이러한 추상적 개념에 대한 비교형량이나 법 감정 구현의 기술적 쟁점을 극복할 수 있을지에 대한 연구가 선행되어야 한다.

AI 판사에 의한 재판에 오류가 있는 경우, 이를 판결의 오류로 보아 심급제도에 따라 교정할지, 혹은 AI 작동 알고리즘의 기계적 결함으로 보아 재판 기회를 새로 부여해야 할지에 관한 법률적 쟁점 역시 극복해야 할 문제다. 더욱이 AI 결과물에 성별, 인종 등 특정 정보에 따른 편향이 발생할 수 있음을 인지하고, 평등 원칙에 위배되지 않는지 신중하게 검토해야 하는 법관의 책임이 강조된다. AI 시스템이 공공 안전을 보호하기 위해 사용될지라도, 법관은 무죄 추정 원칙과 같은 형사 사법의 기본 원칙에 부정적인 영향을 미칠 수 있는 위험 평가 도구의 사용에 대해 신중해야 한다.

법관 책임의 원칙과 인적 검증 의무

AI가 재판 업무를 지원할지라도, 최종적인 판단의 책임은 언제나 법관에게 있다. 법관은 AI 도구를 사용하는 과정에서 재판청구권, 법관의 독립성, 공정성, 평등 원칙, 적법절차, 법치주의 등 사법부와 관련된 헌법적 가치와 기본권을 훼손하지 않도록 유의해야 한다.

법관은 AI가 제공한 정보가 부정확하거나 불완전할 수 있고, 특히 생성형 AI는 존재하지 않는 가상의 사례나 허위의 법률 또는 논문을 제시하는 '환각(hallucination)' 현상을 일으킬 수 있다는 점을 숙지해야 한다. 왜곡된 정보가 법률문서, 절차 또는 증거 체계에 유입되면, 이후 단계 전체가 오염되어 정정, 제재, 재심 등을 위한 회복 비용이 기하급수적으로 증가한다. 따라서 법관은 AI가 제공한 정보를 이용하기 전에 해당 정보의 정확성을 확인해야 할 책임이 있다.

법관은 AI 도구를 사용하는 경우, AI의 결과물을 과대평가하는 '자동화 편향'이나, 이를 중요한 기준으로 삼아 새로운 정보를 배척하는 '앵커링 효과' 등의 인지적 편향에 영향을 받았는지 스스로 점검해야 한다. 이러한 편향을 방지하기 위해, 법관은 AI 사용 전 AI의 편향성과 환각 현상에 관한 기본적인 이해를 갖추고, 우수한 성능의 AI를 사용하며, 사용 방법을 충분히 숙지할 필요가 있다. AI 도구 사용에 익숙하지 않다면, 사법부에서 제공하는 교육 프로그램을 먼저 이수하거나 관련 전문가의 도움을 받을 필요가 있다.

참고문헌

강민구(2024). "'호기심 · 탐구심 · 열정'의 36년을 보내고 나서". 《서울지방변호사회 회보》, 648.

강현석(2024). "인공지능을 활용한 사법기능의 가능성 고찰: 형사 재판을 중심으로". 《융복합지식학회논문지》, 12(1), 35~41쪽.

임지원(2025.6.23). "[법 곁의 기술②] AI는 도구일 뿐, 판결 책임은 사람에게… 기술이 보장 않는 공정성". 산업일보.

김일우(2024). "재판업무 지원 AI 도입에 관한 헌법적 고찰". 《헌법학연구》, 30(2), 219~257쪽.

법원 인공지능연구회(2025). "사법에서의 인공지능 활용에 관한 가이드라인". https://2022.lawtimes.co.kr/data/file/Article-attached/guideline.pdf

안상원·박규동(2022). "형사 사법 절차상 인공지능(AI) 시스템 도입의 주요 논점". 《한국범죄정보연구》, 8(2), 135~155쪽.

한애라(2023). "민사소송에서의 AI 알고리즘 심사". 《민사소송》, 27(1), 187~234쪽.

Dixon Jr., H. B. et al.(2025). Navigating AI in the Judiciary: New Guidelines for Judges and Their Chambers. *The Sedona Conference Journal, 26*.

Fagan, F.(2024). A View of How Language Models Will Transform Law. *Tennessee Law Review, 92*, pp.1~64.

Farah, H.(2023.9.15). Court of Appeal Judge Praises 'Jolly Useful' ChatGPT After Asking It For Legal Summary. The Guardian.

Grossman, M. R. et al.(2023). The GPTJudge: Justice in a Generative AI World. *Duke Law & Technology Review, 23*(1), pp.1~34.

06

AI와 재판의 공정성

AI는 사법 효율성을 높일 잠재력이 크지만, 불투명성, 오류, 편향성 등의 문제로 재판의 공정성에 중대한 도전을 제기한다. 이는 공정한 재판을 받을 국민의 헌법상 기본권을 위협하며, 사법 시스템의 신뢰를 훼손할 수 있다. 이 장은 재판에 AI를 활용하는 것이 재판 공정성에 미치는 문제점을 분석하고, 기술적 위험을 최소화할 규범적 대응 방안을 모색한다.

AI와 민주주의?

AI의 불투명성과 편향성 문제

AI 기술의 급격한 발전은 사법 시스템에 새로운 가능성을 제시하지만, 동시에 AI 시스템 자체의 불투명성과 내재된 편향성이라는 근본적인 문제점을 드러낸다. 이는 재판의 핵심 가치인 공정성을 위협하는 주요 요인으로 작용한다.

AI는 복잡한 알고리즘을 통해 결과를 도출하지만, 그 과정과 논리를 명확하게 설명하기 어려운 블랙박스 특성을 가진다. 이러한 불투명성은 공적 의사 결정의 이유와 근거를 이해하기 어렵게 만들며, 당사자가 AI가 제시한 결론에 대해 이의를 제기하거나 자신의 권리를 효과적으로 구제할 기회를 박탈할 수 있다. AI 시스템의 작동 원리가 기업의 영업비밀이나 국가 기밀로 취급되는 경우가 많아 투명성 확보에 한계가 있다는 점도 문제로 지적된다. 일반 국민은 물론 공권력 작용의 절차와 내용에 관한 전문적인 지식을 지닌 법조인조차 AI 시스템의 결론 도출 배경과 논리를 파악하기 어려울 수 있으며, 스스로 학습하고 진화하는 AI의 자율성과 적응성은 이러한 블랙박스 속성을 더욱 강화한다. AI의 규칙이 수학과 통계의 규칙을 바탕으로 하며 그 기술적 복잡성으로 인해 인간의 이해력을 넘어선다는 점도 블랙박스 문제를 심화시킨다. 이는 법치주의와 절차적 권리 행사에 위협적인 요소로 작용하며, 문제가 발생했을 때 그 원인을 명확히 파악하고 책임을 분배하는 것을 어렵게 만든다. AI의 영향을 받는 당사자가 자신에게 유리한 자료나 의견을 제출하고 이의를 제기하는 데 필요한 자료를 충분히 확보할 가능성이 낮아지고, 심지어 문제 발생 사실조차 인식하기 어려울 수 있다.

더욱 심각한 문제는 데이터와 알고리즘의 편향성이다. AI는 훈련 데이터의 부족한 대표성, 부정확성 또는 특정 집단의 배제 등으로 인해 편향된 결론을 도출할 수 있다. 예를 들어, 미국의 재범 위험성 평가 도구인 COMPAS 알고리즘은 흑인의 재범 위험성을 다른 인종에 비해 과도하게 높게 평가하는 인종적 편향성을 보인 바 있으며, 위스콘신주 대법원에서 COMPAS의 보고서가 젠더에 기반한 차별을 야기할 수 있다는 문제가 제기되기도 했다. 이러한 편향성은 AI 시스템의 결괏값이 다시 훈련 데이터로 활용되면서 기존의 편향성이 더욱 심해지고 고착되는 '피드백 루프'라는 악순환을 만들 수도 있다. 알고리즘 설계자가 가진 고정관념이나 편견이 AI 시스템에 반영될 수도 있고, 특정 의도에 따라 AI 시스템을 편향적으로 사용하여 결과를 왜곡할 가능성도 충분히 존재한다. 데이터가 특정 집단만을 포함하거나 배제하는 경우, 데이터 분석을 통한 결과 예측의 정확도가 떨어지고 특정 집단에 대한 차별과 편견을 발생시킬 수 있다. 이러한 문제들은 사법 시스템의 신뢰성과 재판의 공정성을 심각하게 훼손할 수 있다.

또한 AI는 오류 가능성을 배제할 수 없으며, AI '환각(hallucination)'과 같은 현상으로 오판의 위험을 증가시키기도 한다. 기계적인 결함이나 손상, 왜곡되거나 무의미한 정보가 포함된 노이즈 데이터, 입력 데이터의 부정확성이나 현실과의 불일치, 실제 상황의 특수성 간과 등 다양한 원인으로 오류가 발생할 수 있다. 특히, AI가 존재하지 않는 '가짜 판례'를 생성하여 법정에 제출하는 사례가 보고되면서, 이러한 오류가 실제 재판에 미칠 수 있는 심각한 영향에 대한 우려가 커지고 있다. 예를 들어, 미국의 변호사들이 ChatGPT가 생성한 허위 판례를 제출하여 징계를 받은 사례가 있으며, 싱가포르에서도 유사한 사례가 발생했다. 상관관계가 항상 인과관계를 의미하는 것은 아니며, 데이터의 품질 문제나 '롱테일 현상'(발생 가능성이 낮은 사안이 학습 데이터에 포함되지 않는 현상) 등 AI가 내놓은 결론을 신뢰하기 어렵게 만드는 상황은 많다. AI는 새로운 지식을 창출하거나 자신이

모르는 것을 인식하는 능력이 없다는 점도 한계로 지적된다. AI는 통계적 상관관계에 기반하여 예측하지만 확실성이 아닌 확률에 의존하며, 따라서 그 결과는 근본적으로 예측 불가능할 수 있다. 이러한 AI의 한계는 재판의 공정성을 신뢰하기 어렵게 만드는 주요 원인이 된다.

재판청구권 및 사법 본질에 대한 위협

AI의 사법 작용 활용 확대는 재판의 효율성을 증진할 수 있지만, 헌법상 보장된 재판청구권과 사법 본질에 대한 위협으로 이어질 수 있다는 점에서 심각한 우려를 낳는다. 특히, 인간 법관의 역할과 사법 시스템의 고유한 특성이 약화될 수 있다.

먼저, 헌법은 모든 국민이 '헌법과 법률이 정한 법관에 의하여 법률에 의한 재판을 받을 권리'를 명시적으로 보장한다. 여기서 '법관'은 독립적인 지위와 신분 보장을 갖춘 자연인인 인간 법관을 전제로 한다. AI가 단순히 법관의 업무를 보조하는 수준을 넘어 실질적으로 재판의 판단 주체가 되거나, 법관이 AI가 제시하는 결론에 사실상 종속될 경우, 이는 인간 법관에 의한 재판을 받을 권리의 본질을 침해할 수 있다. AI 시스템이 도출한 결론이 객관성과 정확성에 대한 신뢰를 바탕으로 제시될 때, 법관이 그와 다른 판단을 내리는 데에는 상당한 의지와 책임을 감수할 용기가 필요하며, 자칫 법관이 AI의 생성물을 무비판적으로 수용하여 '기계'가 내린 결론을 '인간 법관이 확인시켜 주는' 상황에 이를 수 있다. 이러한 상황은 사법권 행사의 주체로서 인간 법관에 관한 헌법 규정의 취지를 훼손하는 것이다.

다음으로, AI의 활용은 '공정한 재판을 받을 권리'를 약화시킬 수 있다. 헌법은 명문으로 공정한 재판을 받을 권리를 규정하고 있지 않으나, 재판청구권의 보장 범위에 포함되는 당연한 전제로 이해된다. 공정한 재판은 재판 과정에서 실체적 권리와 절차적 권리가 모두 보장되고, 당사자의 공격 및 방어권이 충실히 행사될 것을 전제로 한다. 그러나 AI의 불투명성, 편향성, 오류 가능성은 이러한 전제 조건을 충족하기 어렵게 만든다. 당사자는 AI의 판단 근거나 과정에 대한 정보를 충분히 제공받지 못해 효과적인 이의 제기나 방어권 행사가 곤란해질 수 있다. AI 시스템의 불투명성으로 인해 재판 당사자가 정보에 접근하기 어렵고, 데이터 및 알고리즘 정보를 확인할 수 없어 방어권 행사에 장애를 초래할 수 있다. 또한 법관의 논증 의무가 약화될 수 있다는 점도 문제다. AI가 사법 판단의 과정이나 근거를 명확하게 제시하지 못할 경우, 법관은 자신의 판결에 대한 충분한 논증을 제공하기 어려워질 수 있다. 이는 재판의 정당성과 신뢰도를 떨어뜨릴 수 있다. 재판의 본질인 공정성, 객관성, 개개인의 존엄성, 들을 권리, 공평성 등은 사법 시스템에 대한 국민의 신뢰를 얻는 데 매우 중요하며, 판결 전달 시에도 패소 당사자가 판결이 신중하고 공정하게 내려졌다고 느낄 수 있도록 하는 것이 중요함을 강조한다.

사법 시스템의 또 다른 중요한 본질은 구체적 타당성과 소수자 보호에 있다. 재판은 단순히 정량적 판단을 넘어 추상적 개념에 대한 가치 판단과 전체적인 상황을 복합적으로 고려하는 정성적 판단을 요구하며, 법관의 재량이 발휘되는 영역이다. 그러나 AI는 기존 데이터와 정해진 규칙에 기반하여 '표준화된' 결론을 내리는 경향이 있다. 이러한 경직성은 개별 사건의 특수성과 구체적 타당성을 간과할 수 있으며, 사회적 약자의 인권을 보호하기 위한 적극적이고 발전적인 판결을 기대하기 어렵게 만들 수 있다. AI의 평균화된 판단은 기존 법질서를 유지하려는 사법 보수주의적 성향을 강화할 여지도 존재하여, 법원이 인권의 보루로서 수행해 온 고유한 역할을 위협할 수 있다. 법관의 양심에 기초한 독립적인 판단은 AI가 대체하기 어려운 부분으로 지적된다. AI 시스템을 재판에 활용하는 것은 법관의 고유한 역할과 재량을 제약하여 법치주의의 원리에 반할 수 있으며, 법원이 AI가 제시한 결론에 종속될 우려도 있다. 이는 사법 시스템에 대한 국민의 신뢰 상실로 이어질 수 있다.

공정성 확보를 위한 규범적 및 제도적 대응 방안

사법 영역에서 AI의 활용은 필연적인 흐름이지만, 재판의 공정성을 확보하고 국민의 기본권을 보호하기 위한 규범적, 제도적 대응 방안 마련이 시급하다. 이는 AI 기술의 이점을 활용하면서도 잠재적 위험을 최소화하는 균형 잡힌 접근이 필요함을 의미한다.

첫째, 재판 업무에 활용되는 AI를 '고위험군'으로 분류하고 이에 상응하는 강화된 규제를 적용해야 한다. EU 인공지능법은 사법기관이 활용하는 AI 시스템을 고위험 영역으로 분류하고, 인간 존엄성, 개인정보 보호, 공정한 재판을 받을 권리 등 기본권 침해 가능성에 유의하도록 강조한다. 특히, 형사 피고인의 민감한 개인정보를 수집 및 분석하여 재범 가능성을 평가하는 프로파일링 시스템은 신중하게 접근해야 한다. AI의 기계적 판단이 인간의 판단보다 우월하다고 단정할 수 없으며, 재판 당사자의 권리와 자유를 부당하게 제한할 수 있기 때문에, AI

활용을 위한 법적인 근거를 마련하고 그 대상과 범위를 명확히 규정해야 한다.

둘째, 법관의 AI 활용에 대한 법적 근거와 명확한 책무를 마련해야 한다. AI 환각 현상이나 데이터의 대표성 부족 등으로 인한 오판의 우려가 존재하므로, 법관이 활용하는 AI의 활용 대상 및 범위, 그리고 오판에 대한 책임 소재를 법률로써 명확하게 규정할 필요가 있다. AI가 거짓 정보를 생성하는 환각 현상으로 오판 위험이 커질 수 있고, 이에 대한 법관의 책임 소재를 명확히 해야 한다. 또한 AI를 활용하는 법관은 AI 시스템에 관한 구체적인 정보를 바탕으로, 해당 시스템 운용의 적합성을 확인하고 책임을 부담해야 한다. 영국과 캐나다 사법부의 지침처럼, 법관은 AI가 제시하는 정보의 정확성을 직접 검증하고, 데이터의 편향이나 오류 위험을 살피며, 문제 발생 시 관할 당국에 지체 없이 통보하는 등 구체적인 감독 의무를 준수해야 한다. 이는 AI 시스템이 단지 보조적인 기능만을 담당한다는 이유로 규범적 정당성을 소홀히 취급하거나 법관의 독립성이 형식적으로만 보장되는 것을 방지하기 위함이다.

셋째, AI 시스템의 투명성, 설명 가능성, 그리고 검증 가능성을 확보해야 한다. AI 시스템의 작동 원리, 입력 데이터, 변수 및 결괏값을 최대한 투명하게 공개하려는 노력이 필요하며, 법률 영역에서는 알고리즘의 효율성을 희생하더라도 판단 과정을 설명할 수 있도록 노력해야 한다. 적어도 AI의 기반이 되는 주요 사항(입력 데이터, 변수, 결괏값 등)은 설명할 수 있어야 하며, 이를 위한 설명 방식에 대한 논의가 중요하다고 강조한다. 독립적인 외부 기관에 의한 알고리즘의 신뢰성 및 결괏값 검증 시스템을 마련하여 AI 시스템의 정당성을 보장하고 책임성을 강화해야 한다. 또한 개인정보 보호와 알고리즘 개발자의 지식재산권 보호 사이의 균형을 유지하면서도, 독립적인 기관이 데이터 처리에 관한 정보를 확인하고 감사할 수 있도록 규정해야 한다. AI 시스템의 데이터와 알고리즘이 준수해야 할 요건을 법률로 규정하고, 투명성과 공정성 원칙을 구현하기 위한 절차를 마련해야 한다. 대규모 언어 모델(LLM)이 답변을 생성하기 전에 외부 데이터베이스 등 신뢰할 수 있는 지식 원본에서 관련 정보를 검색하여, 그 지식을 바탕으로 더 정확하고 최신의 정보를 생성하는 방식으로 작동하는 '검색 증강 생성(Retrieval-Augmented Generation, RAG)'과 같은 기술적 대안을 활용하여 AI 모델의 답변을 교차 검증하고, AI 레드팀(Red Team)을 구성하여 전문가들이 편향이나 오류를 검증하는 시스템을 마련하는 것도 고려할 수 있다.

마지막으로, AI 영향평가 도입과 인간 중심의 재판 보장을 강화해야 한다. 법원의 AI 활용이 재판 당사자의 기본권에 미치는 영향 등을 종합적으로 분석하기 위한 AI 영향평가(예: 기본권 영향평가)를 의무화하여, AI 시스템이 실무에서 활용되는 동안 의사 결정이 어떻게 이루어지는지를 지속적으로 모니터링하고 문제점을 개선해 나갈 수 있도록 해야 한다. AI는 법관의 판단을 보조하는 도구로만 활용되어야 하며, 재판의 실질적인 판단은 인간 법관이 수행하도록 보장해야 한다. AI가 법관을 완전히 대체하는 것은 규범적으로나 기술적으로 아직은 용인하기 어렵다는 점을 명확히 하고, AI 활용의 확대가 인간의 존엄성을 훼손하지 않도록 해야 한다. 재판 과정에서 인간 개입이 필수적이며, 법관의 독립성과 양심에 따른 판단이 존중되어야 한다. 재판 당사자에게 AI 활용에 대한 정보를 구체적으로 통지하고 이의 제기 기회를 실질적으로 보장해야 한다.

참고문헌

강현석(2024). "인공지능을 활용한 사법기능의 가능성 고찰: 형사 재판을 중심으로". 《융복합지식학회논문지》, 12(1), 35~41쪽.

김병필(2021). "재판 예측 인공지능 기술의 현황과 한계". 《저스티스》, 182(2), 89~117쪽.

김일우(2024). "재판업무 지원 AI 도입에 관한 헌법적 고찰". 《헌법학연구》, 30(2), 219~257쪽.

심소연(2025). "유럽평의회의 '인권·민주주의·법치주의 관점에서 본 위험 및 영향평가(HUDERIA)'가 「EU 인공지능법」 상 '기본권 영향평가(FRIA)'에 미치는 영향 및 국내 시사점". 《유럽연구》, 43(3), 97~124쪽.

오세용(2022). 《인공지능시대: 법관의 미래는?》. 박영사.

이수진(2023). "민사 사법절차(Civil Justice)에서 인공지능의 확장: 도산 및 민사 신청 절차에서 인공지능재판의 제안". 《민사소송》, 27(2), 173~236쪽.

홍석한(2025). "인공지능 활용에 따른 기본권 침해 위험과 규범적 대응: 사법작용에서의 인공지능 활용과 재판청구권 보장을 중심으로". 《인권법평론》, 24, 281~325쪽.

Grossman, M. R. et al.(2023). The GPTJudge: Justice in a Generative AI World. *Duke Law & Technology Review, 23*(1), pp.1~34.

Lau, J. O. B.(2023). Legal Profession in an Age of Generative Artificial Intelligence. *International In-house Counsel Journal, 16*(65), pp.1~16.

Ligeti, K.(2025). AI Evidence: Ensuring a Fair Trial in the Digital World. *EU Law in the Digital Age*, pp.225~245. Hart Publishing.

07
소송당사자의 AI 활용에 대한 대응

소송당사자의 AI 활용은 사법 접근성을 높이는 동시에 환각, 편향성 및 딥페이크 등의 위험으로 공정성을 위협하므로, 법원은 사법 신뢰 확보를 위해 사용 도구, 프롬프트, 검증 조치 등 AI 사용 정보를 구체적으로 공개하도록 요구하며 검증 절차를 강화할 필요가 있다. 이 장은 AI 생성물에 대한 최종 책임이 사용자에게 있음을 명확히 하고, 일반인용 리걸테크 서비스의 사법 접근성 증진이라는 효용과 비변호사 법률사무 수행 규제 사이의 제도적 균형점을 모색한다.

AI와 애니메이션?

AI를 활용한 각종 소송 서류 및 증거의 제출과 법원의 공개 명령

AI 기술이 발전함에 따라 소송당사자들은 생성형 AI를 활용하여 소장, 준비서면, 의견서 등 각종 소송 서류뿐만 아니라 동영상, 그림, 음성 등의 증거를 제작하여 법원에 제출하는 상황이 빈번하게 예상된다. AI가 생성한 결과물은 외견상 설득력 있게 보이지만, 내용이 정확하지 않거나 편향될 가능성이 높으며, 환각(hallucination) 현상으로 인해 전혀 존재하지 않는 허위의 판례나 사실을 인용할 위험성도 크다.

법원은 재판 과정에서 소송당사자가 제출한 자료가 AI를 사용하여 작성 또는 제작되었다고 의심되거나 소송당사자의 상대방이 이를 지적하는 경우, 해당 자료를 제출한 소송당사자에게 AI 사용 여부를 밝힐 것을 명할 수 있다. 이러한 정보 공개 명령은 법원이 소송당사자의 사법 접근성을 보장하는 한편, AI의 불완전성으로 인해 발생할 수 있는 잠재적 위험을 통제하고 사법 시스템의 신뢰를 유지하기 위한 절차적 대응의 핵심이다.

소송당사자가 AI를 사용하여 소송 자료를 제출한 사실이 확인된 경우, 법원은 추가적인 소송 지휘를 통해 자료의 신뢰성을 검증할 수 있다. 구체적으로, 법원은 소송당사자에게 사용된 AI 도구, 입력한 프롬프트, 그리고 소송당사자가 AI 결과물의 정확성을 검증하기 위해 취한 조치 등을 구체적으로 밝히도록 요구할 수 있다. 이는 AI 결과물이 프롬프트 입력값에 따라 내용이나 품질이 완전히 달라질 수 있다는 AI의 특성(프롬프트 민감성)을 고려한 조치이며, 자료의 신빙성을 법원이 판단하는 데 필수적인 정보를 확보하기 위함이다.

AI 생성 자료의 진실성 및 신뢰성 검증 절차

AI로 작성된 소송 서류가 제출된 경우, 법관은 해당 서류가 환각 현상으로 인해 존재하지 않는 내용을 그럴듯하게 인용하거나 소송당사자가 의도하지 않은 정보를 포함하고 있을 오류 가능성에 유의하여 검토해야 한다. 법관은 소송 서류를 검토할 때, 내용이 매우 설득력 있고 잘 작성된 것처럼 보이지만 자세히 보면 명백한 실수를 포함하는 경우(예: 인용된 판결의 사건 번호가 존재하지 않는 경우) 또는 법에 대한 일반적인 이해와 일치하지 않는 자료를 포함하는 경우 AI 사용을 의심해 볼 수 있다. 법원은 이러한 오류 가능성에 대해 상대방에게 고지하고 소송 서류상 내용을 반박할 기회를 부여하는 것이 바람직하다.

법원은 소송당사자가 AI를 활용하여 소송 서류를 제출한 것이 확인되거나 의심되는 경우, 그 서류에 소송당사자가 의도하지 않은 부분이 포함되어 있다고 하더라도 주장에 관한 법률적 효과는 모두 소송당사자에게 귀속되고, 그 결과 불리한 판단을 받을 수도 있음을 소송당사자에게 경고할 수 있다. 이는 AI 결과물의 정확성을 확인하고 검증할 최종적인 책임은 AI 사용자(소송당사자 또는 변호사)에게 있다는 책임성의 원칙을 소송 절차에서 구현하는 것이다. 변호사는 AI를 통해 생성된 모든 결과물을 다른 사람이 제공한 정보와 마찬가지로 확인하고 분석해야 하며, 법원에 제출할 문서의 정확성에 대해 전적으로 책임을 진다는 점을 법원은 주지시켜야 한다.

소송당사자가 양형, 재범률, 구체적 쟁점에 관한 전문적 의견 등 AI를 사용하여 수집·분석된 자료를 제시한 경우, 법원은 사용된 AI가 신뢰성 있는 도구인지 확인해야 하며, 상황에 따라 해당 AI의 정확성과 공정성에 대해 검증할 필요가 있다. 특히 AI가 영미권 데이터를 주로 학습하므로, AI 결과물이 당해 사건에 적용되는 대한민국 법령 및 법리에 부합하는지에 대한 법관의 검토가 필요할 수 있다. 또한 AI는 훈련된 데이터세트에 기반하여 응답을 생성하므로 사회적 편견이나 편향성이 반영될 수 있다는 점을 법원은 신중하게 검토해야 한다. 법원은 이러한 검증을 위해 AI에 사용된 알고리즘이나 훈련 데이터에 접근할 수 있는지 확인하는 절차를 요구할 수도 있다.

딥페이크 등 AI 위변조 증거에 대한 대응과 심리

AI, 특히 딥러닝 기술 기반의 딥페이크(Deepfake)는 실제와 혼동할 수 있는 동영상, 이미지, 오디오 등의 미디어를 쉽게 생성할 수 있게 하면서, 소송에 제출된 증거의 진위 판단에 심각한 어려움을 가져온다. 딥페이크는 소송에 제출된 자료의 진위를 판단하기 어렵게 하여 재판 지연 등의 문제가 발생할 수 있으며, 실체적 진실 추구를 목적으로 하는 사법 작용에 장애를 초래할 우려가 있다.

딥페이크와 관련하여 증거가 문제되는 상황은, 소송 당사자가 고의 또는 과실로 딥페이크 기술을 통해 위·변조된 자료를 제출하는 경우와 딥페이크 기술을 사용하지 않은 진본 증거에 대하여 상대방 당사자가 위조를 주장하는 경우로 나누어 볼 수 있다. 두 경우 모두 영상 등의 진위를 밝히기 위한 감정 비용의 지출이 늘어나거나 재판이 지연될 가능성이 커진다. 특히 딥페이크 기술에 관한 지식이나 대응 능력이 부족한 소송당사자는 재판청구권을 실질적으로 보장받지 못하게 될 우려도 있다.

법원은 딥페이크로 의심되는 문서, 사진, 음성, 영상 등이 증거로 제출된 경우, 이를 제출한 측에 AI 사용 여부를 밝히도록 요구해야 한다. 만약 AI 사용이 확인되었다면, 어떤 AI 도구를 사용했는지, 구체적인 제작 방법(프롬프트) 등을 추가로 확인해야 한다. 자료를 제출한 측에서 AI 도구를 사용한 것이 아니라고 진술할 때에도 상대방에게 이를 검증할 의사가 있는지 물어볼 필요가 있다. 법원은 딥페이크 증거가 손쉽게 생성될 수 있으므로, 상대방이 증거에 관하여 부인 또는 부지의 의견을 밝힌 경우, 위조를 주장하는지 여부에 관한 의견을 밝히도록 하는 것이 바람직할 수도 있다.

형사 재판의 경우 국민의 신체의 자유가 직접 제한되므로, 법관은 AI로 생성된 자료가 증거로 제출된 경우, 상대방에게 증거 능력 유무에 관한 의견을 진술하게 한 후 증거 결정을 하는 등 형사소송법 및 규칙에 따라 증거 능력 여부를 엄격히 검토해야 한다. 현행 민사소송법과 형사소송법에 따르면 재판에 제출된 증거의 증거 능력, 증명력 등은 대부분 법관의 판단에 달려있으므로, 법관은 준비 절차나 준비기일 등을 통하여 딥페이크 쟁점에 관하여 먼저 정리하는 것이 바람직하다.

AI 알고리즘의 사법 심사: 영업비밀과 설명 가능성

AI 알고리즘이 소송의 쟁점이나 증거의 핵심이 되는 경우, 법원은 AI 알고리즘 자체를 심리 대상으로 삼아야 하는 새로운 도전에 직면한다. 특히 머신러닝 기법에 의한 AI 알고리즘은 반복 학습을 통해 귀납적으로 생성되므로, 블랙박스 특성을 가져 특정 입력에 대한 출력의 이유를 인간이 명확히 이해하기 어렵다. 또한 알고리즘 소스 코드나 학습 데이터는 영업비밀 또는 지적재산권 보호 문제와 연결되어 법적으로 공개할 수 없는 경우가 많다.

법원은 실체적 진실 발견과 영업비밀 보호라는 두 가치 사이에서 적절한 균형점을 찾아야 한다. 법원은 알고리즘 자체를 100% 공개하는 것이 곤란한 경우에도, 설명 가능한 AI(XAI) 기법을 활용하여 알고리즘의 내용을 심리하는 방법을 고려할 수 있다. XAI는 알고리즘이 기술적으로 불투명하더라도, 사후적으로 결괏값이 나오는데 어떠한 변수가 얼마만큼 기여하였는지를 확률적으로 계산하는 리버스 엔지니어링 기법 등을 동원하여 법원이 사실을 인정하는 데 필요한 심증을 형성하는 것을 돕는다.

이러한 XAI 기법을 통한 심사를 위해서는 법원이 영업비밀 침해를 최소화하는 범위에서 충분한 입력값과 결괏값 데이터를 제출받을 필요가 있다. 이와 관련하여 법원은 소송 외 제3자의 열람을 제한하고 소송당사자는 열람에서 배제하고 지정된 외부인(외부 변호사/외부 전문가)에게만 열람을 허용하는 'External Eyes Only' 방식의 증거 제출을 고려할 수 있다. 그러나 현행 민사소송법 하에서는 이에 대한 입법적 근거가 미비하다는 문제가 있다. 법원은 AI 알고리즘 감정 시 법원 감정인 외에도 양측 당사자가 선임한 사적 전문가(사감정인)를 적극적으로 활용해야 하며, 사감정인의 의견 교환과 공방은 법원이 쟁점을 명확히 하고 전문적 · 과학적인 내용을 이해하는 데 큰 도움을 줄 수 있다.

일반인 리걸테크 활용에 대한 사법 접근권과 규율

AI 기반 리걸테크 서비스는 변호사를 통하지 않고도 법률 정보 검색, 법률문서 자동 작성 등 다양한 서비스를 제공함으로써 소송당사자의 사법 접근성을 획기적으로 발전시킬 잠재력을 지닌다. 특히 변호사 수임료에 대한 부담으로 인해 변호사 선임 없이 소송을 진행하는, 이른바 '나홀로 소송(본인 소송)'의 비율이 높은 현실에서, 생성형 AI는 시민들이 비용을 절감하면서도 분쟁을 효과적으로 해결하도록 도울 수 있는 유용한 도구로 평가된다.

그러나 일반인을 대상으로 하는 생성형 AI 플랫폼이 상용화될 경우, 이는 허가받지 않은 법률사무 위반 여부와 관련하여 법적 위험을 수반한다. 변호사법은 변호사가 아닌 자의 법률사무 취급을 금지하는데, AI가 생성한 결과물이 특정 의뢰인의 구체적 사실 관계에 기초한 개별적인 법적 조언에 해당할 경우, 비변호사의 법률사무 취급을 금지하는 규제 내용과 충돌할 수 있다. 이와 관련하여 국내외의 논의는 AI의 효용과 '변호사 제도의 보호 및 유지'라는 목적을 양립시키기 위해 비변호사의 법률사무 취급 금지 관련 규율에 대한 완화되고 개방적인 태도를 요구한다.

법원은 일반인이 소송당사자로서 AI 서비스를 활용할 때, AI 환각이나 부정확성으로 인해 피해를 입지 않도록 소비자 보호 장치가 충분히 마련되어 있는지 유의해야 한다. 나아가 리걸테크 업체가 'AI 변호사', '변호사 수준' 등으로 허위 · 과장 광고를 하여 소비자가 해당 서비스를 변호사의 법적 조언과 동일시할 위험이 있는지에 대해서도 사법적 관점에서 점검할 필요가 있다.

참고문헌

박수연(2025.9.27). "[단독] 이 판결, 존재하지 않습니다". 법률신문.

법원 인공지능연구회(2025). "사법에서의 인공지능 활용에 관한 가이드라인".
https://2022.lawtimes.co.kr/data/file/Article-attached/guideline.pdf

우빈(2025.6.18). "AI 시대 법조 미래가 한자리에… LTAS 2025 개막". 법률신문.

임지원(2025.6.23). "[법 곁의 기술②] AI는 도구일 뿐, 판결 책임은 사람에게… 기술이 보장 않는 공정성". 산업일보.

임지원(2025.6.25). "[법 곁의 기술③] 검색·추천·요약·작성… 리걸테크가 바꾼 변호사의 하루". 산업일보

정채연(2024). "생성형 AI를 활용한 법률서비스의 쟁점과 과제". 《법학연구》, 35(3), 401~443쪽.

한권탁(2024). "법률사무에 있어 인공지능(AI)의 활용과 변호사 윤리". 《법조》, 73(5), 282~320쪽.

한애라(2020). "법률문서 자동 작성 서비스의 규율에 관한 연구". 《민사소송》, 24(3), 391~447쪽.

한애라(2023). "민사소송에서의 AI 알고리즘 심사". 《민사소송》, 27(1), 187~234쪽.

Gültekin-Várkonyi, G.(2025). AI Literacy for Legal AI Systems: A practical approach. *Iustum Aequum Salutare, 21*, pp.1~30.

08
법조인의 AI 활용 윤리와 책임

AI 기술은 법조인의 업무 효율성을 혁신적으로 증대시키는 잠재력을 지니지만, 이와 동시에 전문적인 직무 수행의 근간을 뒤흔들 수 있는 윤리적 위험을 수반한다. 법조인은 AI를 단순한 보조 도구로 명확히 인식하고, 기술의 한계와 위험성을 이해하며, 궁극적인 법적 · 윤리적 책임이 AI를 사용한 법조인 자신에게 있음을 전제로 AI를 신중하게 사용해야 한다.

AI와 인재 채용?

AI 활용에 따른 법적 책임의 주체와 한계

AI는 법관의 재판 또는 변호사의 법률사무를 보조하는 도구로 기능하지만, 법관의 독립적인 판단이나 변호사의 법적 판단을 대체할 수 있는 주체는 아니다. AI의 도입 목적이 국민의 기본권 보장 및 사법 접근성 향상과 같은 사법의 핵심 가치를 실현하기 위한 수단에 불과하며, AI가 사람을 압도하지 않도록 해야 한다. 따라서 AI가 생성한 결과물에 오류나 부정확성이 존재하더라도, 그 결과물을 확인하고 검증하여 최종 판단을 내린 법관이나 변호사가 법적 및 윤리적 책임을 부담한다. AI 시스템의 책임성을 확보하기 위해서는, AI가 법관의 판단을 보조하는 수단이라는 전제하에, 이용자가 AI 결과물의 정확성을 직접 확인하고 검증할 수 있도록 시스템이 설계되어야 한다.

변호사가 자신의 업무 수행 과정에서 AI 시스템에 특정 업무를 위임하는 경우, 변호사는 AI의 결과물을 전문직 보조원(paraprofessional)의 작업물과 동일하게 취급하여 검토하고 감독해야 하며, 이 과정에서 발생하는 모든 위반 행위에 대한 책임을 진다.

그러나 AI가 법률사무를 취급하는 것은 변호사가 아닌 자의 법률사무 취급을 금지하는 변호사법의 취지와 충돌할 소지가 있다. 변호사 제도는 전문적인 법률 지식과 윤리적 소양을 갖춘 변호사에게 법률사무를 독점시켜 전문성, 공정성, 신뢰성을 확보하고 국민의 기본권을 보호하려는 목적으로 유지되므로, AI의 활용이 변호사 제도의 보호 및 유지라는 관점을 훼손해서는 안 된다. 따라서 AI가 변호사를 대체하는 방식이 아니라, 변호사가 주도적으로 법률사무를 수행하고 AI는 그 과정을 지원하는 도구로 활용되어야 한다는 원칙이 확립되어야 한다.

특히 법률문서 자동 작성 서비스와 관련하여, 현재 기술 수준의 서비스가 법적 추론이나 평가 과정을 거치지 않고 사전에 프로그램된 규칙에 따라 이용자의 입력에 기반하여 빈칸을 채우는 정도에 머무른다면, 이를 변호사법상 '법률사무 취급'으로 보기는 어렵다. 이는 국민의 사법 접근권 확대라는 효용이 크기 때문이며, 이용자가 해당 서비스를 변호사의 법적 조언과 동일한 수준으로 신뢰하지 않는다는 점도 고려된다. 그러나 AI 알고리즘이 발전하여 인간 변호사와 동등하거나 그 이상의 수준으로 법률문서를 생성하고 구체적인 법적 조언을 제공하게 된다면, 이는 더 이상 단순한 프로그램으로 볼 수 없으며, 법률사무 취급으로 해석될 가능성이 높아진다.

이는 AI 기술 발전에 따라 법률서비스 규율 방향에 대한 근본적인 재검토가 필요함을 시사한다.

기술적 역량 유지 및 감독 의무

AI 기술의 급속한 발전과 법률 실무에서의 통합은 변호사에게 새로운 기술적 역량(technological competence) 의무를 부여한다. 변호사는 자신이 사용할 수 있는 생성형 AI 도구의 기능, 한계, 이점 및 위험에 대해 합리적인 수준으로 이해해야 할 필요가 있다. 이러한 역량을 유지하기 위해 변호사는 법과 실무의 변화에 대한 최신 정보를 지속적으로 접하고, 관련 연구 및 교육에 참여할 필요가 있다.

기술적 역량 의무의 핵심은 AI를 과신하거나 남용하지 않는 것이다. AI는 업무의 효율성과 정확성을 높이는데 도움을 주지만, 변호사는 AI가 제공한 결과물의 오류나 부정확성을 검증할 수 있는 기본적인 법적 역량을 스스로 유지해야 한다.

로펌과 같이 다수의 변호사가 AI 기반 서비스를 활용하는 조직에서는 선임 변호사가 감독 의무를 부담한다. 이는 다른 변호사나 비변호사 보조원(non-lawyer assistance)에 대한 감독 의무가 AI 생성 결과물에 대해서도 연장될 수 있다는 해석에 근거한다. 따라서 로펌은 AI 활용에 대한 명확한 내부 기준을 수립하고, AI 활용을 감독할 담당자를 지정하며, 변호사들에게 AI의 한계와 올바른 사용 방법에 대한 지속적인 교육 및 훈련을 실시할 필요가 있다.

정보 기밀 유지 및 개인정보 보호 책임

변호사는 의뢰인과의 관계에 근거하여 직무상 알게 된 의뢰인의 비밀정보 및 개인정보를 보호하고 누설하지 않아야 할 비밀 유지 의무를 지닌다. 상용 생성형 AI 서비스를 활용할 경우, 서비스 운영자가 이용자의 입력값(프롬프트)을 저장하고 이를 자체 알고리즘 학습에 활용할 가능성이 있으므로 이 의무를 위반할 위험이 발생한다.

변호사는 의뢰인의 명시적인 동의가 없는 한, 사건의 구체적인 내용, 영업비밀, 사건 관계인의 사생활 정보, 판결문 초안 등 기밀정보를 상용 AI 도구에 입력하지 않도록 각별히 유의해야 한다. 변호사는 의뢰인의 기밀정보가 제3자에게 노출될 위험을 막기 위한 합리적인 예방 조치를 취해야 하며, 서비스 제공자와 기밀 보안 조치에 대해 충분히 협의하고 의뢰인 정보의 기밀성이 안전하게 유지될 수 있는지 확인해야 할 책임이 있다. 프롬프트를 작성할 때 의뢰인과 관련된 세부 정보를 절대 제공하지 않음으로써 기밀정보가 부주의하게 공개되는 것을 방지해야 한다.

법관이 상용 AI 도구를 활용할 경우, 개인정보 및 기밀정보 보호에 각별한 주의를 기울여야 한다. 상용 AI 도구는 일반적으로 그 운영자가 입력된 정보를 저장하여 훈련에 사용할 가능성이 있으므로, 법관은 입력 정보가 공개될 가능성에 유의해야 한다. 따라서 양 당사자의 명시적인 동의가 없는 한, 개인정보, 사건의 구체적 내용, 영업비밀, 사건 관계인의 사생활에 관한 내용 등을 상용 AI 도구에 입력해서는 안 된다.

특히 법관은 판결문 초안 등 사법부의 기밀 자료를 상용 AI 도구에 입력해서는 안 된다. 다만, 공개된 자료(예: 등기부등본 등), 특정 개인을 알아볼 수 없도록 가명 처리한 자료, 또는 양 당사자가 모두 AI 처리에 동의한 자료(이 경우에도 제3자의 민감한 개인정보 보호를 위한 가명 처리가 권유된다)는 상용 AI 도구에 입력하는 것을 고려할 수 있다.

법관은 상용 AI 도구를 공식 홈페이지를 통해 이용해야 하며, 개발자나 공식 홈페이지에서 이용자가 입력한 데이터를 기반으로 훈련하지 않는 옵션을 제공한다면 이를 선택하는 것을 고려해야 한다. 또한 법원 공식 메일 계정을 사용하여 상용 AI 도구에 가입하거나 계정 정보에 직업을 법관으로 표시하는 것은 자제할 필요가 있는데, 이는 재판부의 합의 내용이나 개인정보 등이 실수로 입력될 위험성을 높일 수 있기 때문이다. 개인정보가 유출된 경우, 최대한 신속하게 법원 내 기술 지원 관련 부서 등에 연락하여 적절한 기술적 지원을 받아야 한다.

투명성 확보 및 법원에 대한 정직 의무

변호사는 법률사무에 AI를 활용하는 과정에서 투명성을 확보하고 의뢰인에게 관련 사실을 명확히 설명해야 할 의무를 진다. 투명성은 변호사가 AI의 작동 원리, 사용 방법, 잠재적 위험 등을 의뢰인에게 설명하고 활용 여부에 대해 성실히 협의해야 하는 설명 및 협의 의무로 구체화된다. 이러한 투명한 소통은 의뢰인과의 신뢰를 구축하고, 의뢰인이 AI의 역할을 이해하고 관련 정보를 바탕으로 법적 결정을 내릴 수 있도록 돕는 핵심 요소다.

AI 시대에 법원에 대한 정직 의무 역시 강조된다. 변호사는 법원에 고의로 사실이나 법에 대한 허위 진술을 하지 않아야 하며, 이는 AI의 환각 현상으로 생성된 허위 정보를 검토 없이 제출하는 행위를 엄격히 금지한다. 법원에 허위 판례를 제출하여 징계를 받은 사례들은 변호사가 소송 서류의 정확성을 보장해야 할 책임이 있음을 명확히 보여 준다.

사법 절차의 공정성을 유지하기 위해 법원은 소송당사자가 AI를 사용했는지 여부를 밝히도록 요구할 수 있다. 법원은 소송당사자가 제출한 서면이나 증거가 AI를 사용하여 작성 또는 제작되었다고 의심되거나 상대방이 이의를 제기하는 경우, 제출 당사자에게 AI 사용 여부를 공개하도록 명할 수 있다. 당사자가 AI 사용 사실을 밝히는 경우, 법원은 추가로 사용된 AI 도구, 입력된 프롬프트, 그리고 결과물의 정확성을 검증하기 위해 취한 조치 등을 구체적으로 밝히도록 소송 지휘를 할 수 있다. 이러한 정보 공개는 AI가 생성한 자료의 신뢰성을 검증하고, AI 결과물이 훈련 데이터에 내재된 편향(성별, 인종, 종교 등)을 반영하여 평등 원칙을 위반하지는 않았는지 신중하게 검토하는 데 필수적이다. 궁극적으로 법조인은 AI의 활용이 헌법상 기본권을 침해하지 않고 사법의 핵심 가치를 증진하는 방향으로 이루어지도록 노력해야 한다.

참고문헌

법원 인공지능연구회(2025). “사법에서의 인공지능 활용에 관한 가이드라인”.
https://2022.lawtimes.co.kr/data/file/Article-attached/guideline.pdf

정채연(2024). “생성형 AI를 활용한 법률서비스의 쟁점과 과제”. 《법학연구》, 35(3), 401~443쪽.

한권탁(2024). “법률사무에 있어 인공지능(AI)의 활용과 변호사 윤리”. 《법조》, 73(5), 282~320쪽.

한애라(2020). “법률문서 자동 작성 서비스의 규율에 관한 연구”. 《민사소송》, 24(3), 391~447쪽.

Governatori, Guido, Trevor Bench-Capon, Bart Verheij, Michał Araszkiewicz, Enrico Francesconi, & Matthias Grabmair(2022). Thirty Years of Artificial Intelligence and Law: The First Decade. Artificial Intelligence and Law, 30(4), pp.481~519.

Grossman, M. R. et al.(2023). The GPTJudge: Justice in a Generative AI World. *Duke Law & Technology Review, 23*(1), pp.1~34.

Murray, M. D.(2023). Artificial Intelligence and the Practice of Law Part 2: Working with Your New Ai Staff Attorney. https://doi.org/10.2139/ssrn.4478748.

Pierce, N. A. & Goutos, S. L.(2024). Why Lawyers Must Responsibly Embrace Generative AI. *Berkeley Business Law Journal, 21*(2), pp.469~488.

Schwarcz, D. et al.(2025). AI-Powered Lawyering: AI Reasoning Models, Retrieval Augmented Generation, and the Future of Legal Practice. Minnesota Legal Studies Research Paper No.

25–16, U of Michigan Public Law Research Paper No. 24–058.

Shneiderman, B.(2020). Bridging the Gap between Ethics and Practice. *ACM Transactions on Interactive Intelligent Systems, 10*(4), pp.1~31.

09
AI 기술과 사법 신뢰

AI 기술은 사법 시스템의 효율성과 접근성을 혁신할 잠재력을 지니지만, 알고리즘의 본질적 한계와 비투명성 문제는 사법부의 공정성과 신뢰에 대한 근본적인 도전을 제기한다. 사법 신뢰를 유지하기 위해서는 AI의 활용 범위를 명확히 설정하고, 기술적 오류와 내재된 편향으로부터 기본권을 보호하는 제도적 장치가 필요하다. 궁극적으로 AI는 인간의 최종 판단을 보조하는 도구로서만 기능하며, 그 책임은 언제나 인간에게 귀속된다.

AI와 기자?

사법 시스템 내 AI 활용의 근본 원칙과 인간의 최종 책임

사법부에 AI 시스템을 도입할 때는 기본권 및 헌법적 가치, 신뢰성, 합법성, 책임성, 투명성, 미래 지향성 등의 원칙을 반드시 갖추어야 한다. 이는 AI 기술의 발전 여부와 관계없이 법관에 의한 재판을 받을 권리가 지켜져야 할 핵심 가치이기 때문이다. AI는 법관의 판단을 대체하는 것이 아니라 재판의 효율성과 소송당사자의 사법 접근성을 높이기 위한 보조 수단으로만 기능해야 하며, 재판이라는 공적 결정에 대한 최종 책임은 기계가 아닌 법관에게 있다.

법원 인공지능연구회의 가이드라인은 기본권 보장을 사법부의 핵심 책무로 규정하며, AI는 더 나은 재판을 위한 보조 수단으로 사용되어야 하고 최종 판단의 책임은 언제나 법관에게 있다는 점을 명확히 한다. AI는 대규모 언어 모델(LLM)의 결과물이 반드시 진실인 것도 아니고, 훈련 데이터의 오류나 편견을 반영할 수도 있으며, 특히 딥러닝은 특정 입력값에 발생하는 출력값의 이유를 명확히 설명하기도 어렵다. 이러한 기술적 한계는 AI가 법적 사실 판단이나 법리 검토에서 법조인의 수준을 대체할 정도는 아님을 방증한다.

법관이 AI를 이용해 자료를 생성하거나 법적 판단에 도움을 받는 경우, 이용자인 법관이 최종 책임을 부담해야 하므로, AI 결과물의 정확성을 확인하고 검증할 수 있는 시스템이 반드시 갖춰져야 한다.

알고리즘 편향성의 위험과 사법 신뢰의 훼손

AI 알고리즘이 내재한 편향성(bias)은 사법 신뢰를 저해하는 핵심 문제로, AI가 훈련 데이터에 담긴 역사적 또는 사회적 편견을 답습함으로써 불공정한 사법 결과를 초래할 수 있다. AI는 학습 데이터에 편향된 인간의 관념이 내재되어 있다면, 이를 학습하고 유사한 암묵적 또는 명시적 편향을 결과물에 반영한다. 이로 인해 AI가 특정 인종이나 사회 경제적 배경에 따라 불공정한 예측이나 결정을 내릴 위험이 있으며, 이는 평등 원칙과 사법 정의에 심각한 위협이 된다.

또한 AI 알고리즘의 작동 원리가 불투명한 블랙박스 특성은 사법 시스템의 투명성을 저해하는 주된 요인이다. AI가 법률 업무에 활용될 때 발생하는 오류는 인간의 실수보다 훨씬 파괴적일 수 있으며, 일단 발생하면 회복하기 어렵다. 사법 신뢰를 구축하기 위해서는 AI의 이점, 위험 및 제약을 이해하고 평가할 수 있는 AI 리터러시가 법관에게 요구되며, 법률 전문가는 알고리즘의 공정성을 확보하기 위해 편향성이 제거된 데이터세트를 사용하고 그 결과물을 비판적으로 검증할 윤리적 의무를 진다.

생성형 AI의 한계와 데이터의 질적 문제

생성형 AI는 기술적 한계를 명확히 인지하고 활용해야 한다. 대형 언어 모델을 비롯한 생성형 AI는 입력하는 구체적인 명령어, 즉 '프롬프트(prompt)'에 따라 답변의 내용이나 품질이 완전히 달라질 수 있으며, 이는 사실상 같은 내용을 묻는 경우도 마찬가지다. 이러한 프롬프트의 중요성 때문에, 이용자가 정확한 답을 내리는 데 도움을 주는 관련 정보를 프롬프트에 포함하는 '프롬프트 증강' 방법론이 주목받고 있다.

AI의 결과물은 허구이거나, 훈련 데이터의 오류와 편견을 반영할 수 있다는 내재적 한계를 가진다. 법관은 AI 시스템이 학습 데이터를 바탕으로 답변을 생성할 경우, 학습 데이터의 오류나 편향이 결과물에 개입될 수 있는 가능성이 있다는 점을 늘 고려해야 한다. 또한 GPT와 같은 모델은 일 단위로 학습 업데이트가 이루어지는 것은 아니므로, 법의 변화를 실시간으로 반영할 수 없다. 따라서 과거의 데이터에 한정된 자동화된 판단을 내릴 위험이 존재하며, 이는 법적 진보를 가로막을 수 있다는 우려를 낳는다.

법률 분야에 특화된 AI 시스템(Legal LLM)의 구축이 환각 현상을 통제하는 방안으로 논의되고 있으나, AI의 신뢰성을 담보하기 위해서는 사법적 판단의 기초가 되는 데이터의 '질'이 강조된다. AI 시스템 개발 단계에서 다양한 변수 및 상관관계 등이 재판의 공정성을 침해하지 않도록 완전하게 설계되어야 하며, 데이터가 유사 사건에 대한 판결문 등을 학습해 충분한 대표성이 반영되고 편향된 정보가 반영되지 않도록 주의가 필요하다. AI가 생성한 자료가 설득력 있어 보이더라도 당해 사건에 적용되는 국내 법령 및 법리에 부합하는지에 관한 검토가 필수적이다.

리걸테크의 사법 접근성 기여와 규제 완화 논의

AI 기반 리걸테크 서비스는 변호사를 선임할 경제적 여유가 없거나 정보 부족으로 법적 조력을 받지 못하는 일반 대중에게 저렴하고 효율적인 법률 조력을 제공함으로써 사법 접근성 향상이라는 공익적 목표에 기여할 잠재력을 지닌다. AI는 법률 정보 검색, 문서 검토 및 작성,

소송 분석 등 변호사의 업무를 자동화하거나 증강시켜 법률서비스의 비용을 절감하는 '상품화'를 촉진할 수 있다. 이는 단순히 기존의 AI 도구의 활용이 아닌 법률 빅데이터 분석을 통한 AI 적용에 있어 새로운 물결을 의미한다.

그러나 생성형 AI가 단순한 법률 정보 제공을 넘어 개별적이고 구체적인 법적 조언을 일반인에게 직접 제공할 수 있게 되면서, 변호사 면허가 없는 자의 법률사무 수행을 금지하는 기존의 'UPL(Unauthorized Practice of Law)' 규제와의 충돌이 발생한다. 이러한 UPL 규정은 변호사의 독립성 보호를 명분으로 하지만, 실제로는 법률서비스의 공급을 독점하고 가격을 높여 일반 소비자의 접근성을 저해하는 요인으로 작용해 왔다는 비판에 직면한다.

사법 접근성 향상 요구에 대응하기 위해 영미법계 일부 주에서는 규제 개혁 실험이 진행되었다. 미국의 유타주는 규제 샌드박스 시스템을 도입하여 비변호사의 로펌 소유 및 이익 분배 제한과 비변호사의 법률사무 수행 제한 규제(UPL)를 면제하는 혁신적인 모델을 허용했다. 이를 통해 비변호사나 소프트웨어가 직접 법률서비스를 제공하는 형태(SALP, HALP)가 가능해졌다. 이러한 규제 개혁은 AI 기반 혁신을 촉진하고 소비자의 법률서비스 접근권을 확대하는 긍정적인 결과를 보여 주었으며, 사법 신뢰의 유지를 위해 기존 규범의 완화된 해석이나 입법적 정비를 통한 AI 서비스의 적법성 확보가 필요함을 시사한다.

인간 법조인의 비대체적 역량과 사법 윤리의 수호

AI는 법률 연구, 문서 검토 등 정형화된 업무에서 효율성을 극대화하지만, 법률 업무의 모든 영역을 대체할 수는 없다. 특히 법률의 미묘한 해석과 적용, 그리고 재판 과정에서 요구되는 인간 고유의 재량적 판단, 윤리적 사유, 공감 능력은 AI가 접근할 수 없는 비대체 영역이다. 법적 '판단(Judgement)'은 단순히 통계적 패턴에 기반한 '예측(Prediction)'과 다르며, 경험과 감정 이입, 그리고 법적 · 비법적 요소를 복합적으로 고려하는 인간 법조인의 고유 영역이다.

AI는 의뢰인과의 신뢰 관계 구축, 적극적인 경청, 공감 등 정서적 지능(emotional intelligence)을 필요로 하는 상담이나, 법정에서의 설득력 있는 변론 등 인간적 상호작용이 필수적인 영역에서는 한계를 보인다. 법률 전문가들은 AI 시스템을 활용하더라도 기밀 유지 의무를 포함한 자신의 전문적 의무를 철저히 이행해야 한다. 의뢰인의 민감한 정보나 기밀정보를 AI 모델에 입력할 경우, 이는 시스템 제공자와 같은 제3자에게 유출될 위험이 있으며 데이터 보호 규정(GDPR 등)을 위반할 수 있다.

AI를 활용하는 변호사는 기술적 역량을 유지하고 결과물을 비판적으로 검증함으로써, AI가 제공하는 효율성 이면의 윤리적 위험으로부터 사법 신뢰를 보호해야 한다. AI는 스스로 법적 추론이나 규범적 판단을 복제할 수 없고 결과물에 대한 책임도 질 수 없으므로, 변호사는 AI를 보조 도구로 사용하되, 법률서비스의 최종적인 품질과 윤리적 가치를 담보해야 하는 주체임을 명확히 인식해야 한다.

참고문헌

법원 인공지능연구회(2025). “사법에서의 인공지능 활용에 관한 가이드라인”. https://2022.lawtimes.co.kr/data/file/Article-attached/guideline.pdf

임지원(2025.6.23). “[법 곁의 기술②] AI는 도구일 뿐, 판결 책임은 사람에게… 기술이 보장 않는 공정성”. 산업일보.

한애라(2024). “리걸테크와 법률서비스의 규율: 일반인용 리걸테크 서비스에 관한 영미법계 동향을 중심으로”. 《사법》, 1(70), 81～144쪽.

Dahl, M. et al.(2024). Large Legal Fictions: Profiling Legal Hallucinations in Large Language Models. *Journal of Legal Analysis, 16*(1), pp.64~93.

Ng, C.(2022). AI in the Legal Profession. In DiMatteo, L. et al.(eds.). *The Cambridge Handbook of Artificial Intelligence*, pp.35~42. Cambridge University Press.

Schwarcz, D. et al.(2025). AI-Powered Lawyering: AI Reasoning Models, Retrieval Augmented Generation, and the Future of Legal Practice. Minnesota Legal Studies Research Paper No. 25-16, U of Michigan Public Law Research Paper No. 24-058.

Terzidou, K.(2025). Generative AI systems in legal practice offering quality legal services while upholding legal ethics. *International Journal of Law in Context*, pp.1~22.

10
AI와 미래의 법조 실무

AI 기술의 급격한 발전은 법률 연구와 문서 작성의 생산성을 혁신적으로 높이고 있지만, 그 내재된 기술적 한계와 윤리적 위험은 미래 법조 실무에 중대한 과제를 제시한다. 성공적인 AI 활용을 위해서는 법조인의 기술 이해도를 높이고, 기밀 유지 및 오류 방지에 대한 새로운 윤리적 의무를 확립하는 것이 필수적이다. 미래의 법률 전문가는 AI를 효과적으로 활용하되, 인간 고유의 판단력과 정서적 지능으로 최종적인 책임과 가치를 담보해야 한다.

AI와 미래 의사?

첨단 AI 기술의 법률 업무 도입과 효율성 극대화

최신 AI 기술은 초기 대규모 언어 모델(LLM)의 한계를 뛰어넘어 법률 업무의 품질을 지속적이고 유의미하게 향상시키는 것으로 나타났다. 특히 법률 자료에 기반하여 분석하는 검색 증강 생성(RAG) 기술이 적용된 AI 도구와 복잡한 추론을 구조화하는 AI 추론 모델(o1-preview)을 비교한 연구 결과, 이 도구들은 테스트된 법률 업무 중 상당수에서 전반적인 품질을 크게 개선했다. 이러한 품질 향상은 주로 법률문서의 명확성, 구성, 그리고 전문성 측면에서 두드러지게 나타났으며, AI를 활용한 결과물이 더 세련되고 오탈자가 적은 경향을 보였다.

AI 도구의 도입은 법률 전문가의 생산성 측면에서 강력한 이점을 제공하며, 업무 속도를 현저히 높인다. RAG 기반 AI 도구는 생산성을 약 38%에서 115%까지, AI 추론 모델은 34%에서 140%까지 증대시키는 효과를 보였다. 이러한 속도 개선은 설득력 있는 서한 작성이나 소장 분석과 같은 복잡한 과제에서 특히 강력한 효과를 발휘한다. 이처럼 AI 기반 법률 도구는 반복적이고 정형화된 업무를 자동화함으로써 시간과 비용 효율성을 극대화할 수 있다.

AI 시스템은 법률 리서치, 문서 검토, 그리고 계약서의 표준 조항(boilerplate)이나 기타 조직 문서를 수 초만에 작성할 수 있다. 이는 변호사의 시간을 절약할 수 있게 하는 기능적 혁신이다. 이러한 자동화 덕분에, 변호사는 고객의 미묘한 요구 사항을 경청하고, 사건 전략을 구상하며, 법적 문제를 다각도로 바라보는 등 인간적인 판단과 고도의 전략적 사고가 필요한 고부가가치 작업에 역량을 재투자할 수 있게 된다.

그러나 모든 유형의 법률 업무에서 AI의 품질 개선 효과가 일관되게 나타나는 것은 아니다. 예를 들어, 거래 지향적이며 일반적인 템플릿이 제공된 기밀유지 협약(NDA) 초안 작성과 같은 과제에서는 AI의 품질 향상 효과가 미미하거나 통계적으로 유의미하지 않았다. 이는 AI 도구의 설계 목적(예: 소송 전문가 대상)과 업무의 성격에 따라 AI의 효과가 달라질 수 있음을 시사한다.

생성형 AI의 환각 위험과 법조인의 책임 강화

생성형 AI, 특히 대규모 언어 모델(LLM)은 다음 단어를 확률적으로 예측하여 텍스트를 생성하는 작동 방식의 내재적 한계로 인해 '환각(Hallucination)' 현상을 일으킨다. AI 모델은 실제 법적 추론을 사용하는 것이 아니기 때문에, 완전히 틀린 법적 데이터도 완전히 정확한 정보와 동일하게 제시할 수 있다.

실제 법조 실무에서는 AI 환각 현상으로 인해 심각한 징계 사례가 발생하고 있다. 미국의 뉴욕 변호사가 ChatGPT를 사용하여 작성한 법률 서면에 허위 판례 인용을 포함하여 법원으로부터 5000달러의 벌금과 징계를 받은 사건 이후, 텍사스, 캐나다, 영국, 호주 등 다양한 국가의 법원에서 유사하게 AI가 생성한 허위 판례가 인용되어 변호사들이 징계 절차에 회부되거나 조사를 받은 사례가 보고되었다. 이러한 사례들은 AI 사용이 변호사의 윤리적 기준 위반을 초래하고 사법 과정의 무결성을 훼손할 수 있다는 실질적인 위험을 법조계에 경고한다.

AI가 생성한 결과물의 정확성을 검증하고 그 사용에 대한 책임을 지는 것은 최종적으로 AI를 법조 실무에 활용한 법조인에게 달려있다. 미국 법원들은 이러한 위험에 대응하기 위해 변호사들이 법원에 제출하는 서류에 생성형 AI 사용 여부를 의무적으로 공개하고, AI가 생성한 모든 인용 및 출처의 정확성을 인간이 직접 확인했음을 인증하도록 하는 상시 명령을 도입하고 있다. 이러한 조치들은 AI의 활용 자체를 금지하는 것이 아니라, 변호사가 상당한 주의 의무(due diligence)를 기울여 제출 자료의 정확성을 보장해야 하는 기존의 윤리적 의무를 강조하는 방향으로 나아가고 있다.

환각 현상은 변호사의 신뢰도를 훼손하고 의뢰인의 사건에 악영향을 미치는 결과를 낳는다. 특히 국제 중재와 같이 기밀성이 중요한 분야에서 AI를 사용할 경우, 허위 정보 제공이나 기밀 데이터 유출 위험을 방지하기 위해 AI 사용에 대한 투명성 확보와 '인적 검토(human-in-the-loop)'를 보장하는 것이 핵심적인 윤리적 의무로 부각되고 있다.

AI 시대, 인간 법조인의 역할 재정의와 필수 역량

AI는 법률 연구, 문서 검토 등 반복적인 작업을 처리하여 효율성을 높이지만, 변호사의 모든 영역을 완전히 대체할 수는 없다. 법률 업무의 본질은 통계적, 확률적 논리에 기반하는 AI가 접근할 수 없는 인간 고유의 역량을 요구한다. 변호사의 역할은 의뢰인과의 신뢰 관계 구축, 적극적인 경청, 공감 등 정서적 지능(emotional intelligence)이 필요한 영역과 복잡한 사건에서 설득력을 발휘하는 수사학적 능력 등 고도의 인간적 역량에 집중될 것이다.

법조계 직업의 핵심은 자문(Conseil), 소송(Contentieux), 그리고 역량(Compétence)의 세 가지 축, 즉 '3C

의 법칙'을 통해 재정의될 수 있다. AI는 자료 분석 및 문서 초안 작성과 같은 정량적 작업을 보조하여 자문과 소송의 효율성을 높여준다. 이로써 변호사는 고객의 비즈니스 이해, 창의적인 문제 해결, 그리고 사건을 둘러싼 복잡한 전략적 판단 등 가치가 높은 인간 중심의 활동에 집중하게 된다.

AI 기술이 발전할수록, 법조인에게는 AI 리터러시가 필수적인 역량으로 요구된다. AI 리터러시는 단순히 기술 사용법을 아는 것을 넘어, AI가 훈련 데이터에 내재된 역사적 또는 사회적 편향(bias)을 답습하여 불공정한 결과를 초래할 수 있다는 윤리적 문제까지 인식하고 대응할 수 있는 능력을 의미한다. 법률 전문가는 AI의 작동 원리와 한계를 이해해야만 AI가 생성한 결과물을 효과적으로 검증하고 수정할 수 있다.

대한민국의 법조계 원로들 역시 AI, 특히 일반 인공지능(AGI)의 출현이 법조인의 문서 작업을 대폭 자동화하고 많은 업무를 대체할 것이라고 예측하며, 앞으로 AI를 잘 활용하는 사람이 그렇지 못한 사람을 대체하는 시대가 올 것이라고 전망한다. 따라서 법조인들은 고유의 전문적인 지적 능력과 폭넓은 교양을 기반으로 하여, AI 시대에 필요한 '질문 근육'을 단련하는 것이 가장 중요한 덕

목이 될 것이다.

AI 알고리즘의 투명성 문제와 사법 시스템의 규율

AI 알고리즘, 특히 딥러닝 기반 모델이 결과 도출 과정을 명확히 설명하기 어려운 '블랙박스' 특성을 가진다는 점은 사법 시스템의 투명성과 책임성 유지에 중대한 장애물이다. 법률 전문가는 AI 시스템이 왜 특정한 결정을 내렸는지 이해하고 이를 설명하도록 요구할 수 있는 역량을 갖추어야 한다. 법률 시스템에서 투명성이 확보되지 않으면, 공정성이 결여된 결과가 나왔을 때 사법적 심사나 이의 제기가 어려워져 사법 정의가 훼손될 수 있다.

AI 시스템이 훈련 데이터에 내재된 편향(bias)을 반복 학습하여 특정 인종, 성별, 또는 사회 경제적 배경에 따라 불공정한 결과를 초래할 수 있다는 위험성 역시 법조계의 핵심 규율 대상이다. 예를 들어, 범죄 재범 위험 평가 알고리즘이 특정 인구 집단을 더 높은 위험군으로 분류하는 등 불평등을 초래하는 사례가 보고되기도 했다. 법률 전문가는 이러한 편향성의 위험을 인지하고, AI 결과물이 평등 원칙에 위배되지 않도록 검증하고 수정할 윤리적 의무를 지닌다.

AI 사용의 투명성 확보는 국제 중재와 같은 기밀성이

중요한 분야에서 특히 중요하게 다뤄진다. 국제 중재 관련 설문조사에 따르면, 법률 전문가들은 AI 사용에 대한 투명성을 확보하는 것을 중요하게 여기며, 특히 전문가 보고서 작성이나 문서 검토 및 제출 등 결과에 영향을 미칠 수 있는 영역에서 공개 의무가 필요하다고 보았다. 규제 기관들은 AI 도구의 이름과 버전, 사용 목적, 그리고 AI에 입력된 정보(프롬프트 포함)와 출력물에 대한 인간의 검토 여부를 공개하도록 요구할 수 있다.

유럽연합의 AI 법(EU AI Act)은 AI 시스템이 사법 및 민주적 절차에 미치는 중대한 영향을 인식하여 이러한 시스템을 '고위험'으로 분류한다. 이 규제는 AI가 법관의 최종적인 인간적 판단을 대체해서는 안 되며, 공정성과 책임성을 유지하기 위한 기술적 및 윤리적 의무를 부과한다. 변호사들은 이러한 규제 환경과 국제적 지침을 준수하여 기밀 유지, 성실 의무, 그리고 기술적 역량 유지의 책임을 다해야 한다.

AI 통합에 대한 법원 및 규제 기관의 선제적 대응

AI 활용에 대한 법적 리스크가 현실화되면서, 각국의 법원과 규제 기관들은 AI 오용을 방지하고 책임 소재를 명확히 하기 위한 선제적인 조치를 마련하고 있다. 미국에서는 환각 사례 발생 이후, 텍사스 법원 등에서 법원에 제출하는 모든 서류에 AI 사용 여부를 명시하고 그 정확성을 변호사가 직접 확인했음을 인증하도록 요구하는 상시 명령(standing orders)이 도입되었다. 이러한 움직임은 변호사가 AI를 사용하든 안 하든, 상당한 주의를 기울여 서류의 정확성을 보장해야 하는 기존의 규칙(예: 연방민사소송규칙 11조)을 AI 시대에 맞게 강조하는 것이다.

AI의 도입은 재판 과정에도 영향을 미치고 있다. 법관이 AI를 사용하여 법률 요약을 요청하거나, 심지어 판결의 일부를 작성하는 실험이 보고되었다. 파키스탄의 한 판사는 민사소송 과정에서 ChatGPT-4를 사용하여 법률 원칙을 질의하는 작은 실험을 수행하기도 했다. 그러나 이 과정에서 AI가 법령에 규정되지 않은 추가적인 조건을 제시하거나(환각), 부정확하거나 오래된 정보를 제공하는 등의 문제에 직면했다. 이는 AI가 사법 기능을 지원할 잠재력을 가짐에도 불구하고, 최종적인 사법 판단은 인간의 법적 지식과 지혜를 통해 이루어져야 함을 보여준다.

법률서비스 제공자인 변호사뿐만 아니라 법원 역시 AI 통합에 대한 기술적 전문성을 높여야 할 필요성이 제기된다. 국제 중재 전문가들을 대상으로 한 설문조사 결과, 응답자 중 대다수가 중재인이 AI 관련 사안을 판단할 기술적 역량에 대해 낮은 신뢰도를 표했다. 이는 사법 시스템 전반의 핵심 관계자들을 대상으로 하는 AI 리터러시 교육이 시급함을 시사한다.

궁극적으로 AI는 법조 실무에 있어 '필요악(necessary evil)'과 같은 존재로 여겨질 수 있다. AI는 전례 없는 효율성을 제공하지만, 그 예측 불가능한 본질 때문에 윤리적 위험을 내포한다. 법조계는 AI 기술의 급속한 발전에 맞춰 AI 기반 법률서비스 전반을 포괄하는 규율 방향을 선제적으로 연구하고, 기술의 유용성을 극대화하면서도 공정성과 정의를 유지하는 제도적 균형점을 찾아내야 할 과제를 안고 있다.

참고문헌

강민구(2024). "'호기심 · 탐구심 · 열정'의 36년을 보내고 나서". 《서울지방변호사회 회보》, 648. http://m.news.seoulbar.or.kr/news/articleView.html?idxno=3537

심소연(2024). "규제 중심의 유럽연합(EU) 인공지능법(EU AI Act)". 《최신외국입법정보》, 242. 국회도서관.

Amrani-Mekki, S. & Mustapha, M.(2024). Avocat et Intelligence artificielle l'intelligence artificielle propose, l'avocat dispose. *Revue pratique de la prospective et de l'innovation*, pp.7～10.

Chan, E. & Limond, K.(2024). Striking the right balance: approaching disclosure of generative AI–assisted work product in international arbitration. *Belgian Review of Arbitration*, pp.69~96.

Dahl, M. et al.(2024). Large Legal Fictions: Profiling Legal Hallucinations in Large Language Models. *Journal of Legal Analysis, 16*(1), pp.64~93.

Lau, J. O. B.(2023). Legal Profession in an Age of Generative Artificial Intelligence. *International In–house Counsel Journal, 16*(65), pp.1~16.

Schwarcz, D. et al.(2025). AI–Powered Lawyering: AI Reasoning Models, Retrieval Augmented Generation, and the Future of Legal Practice. Minnesota Legal Studies Research Paper No. 25–16, U of Michigan Public Law Research Paper No. 24–058.

심소연

국회도서관 법률자료조사관(EU법 담당)이며 한국외국어대학교 LT(Language & Trade)학부 겸임교수를 역임했다. 연세대학교에서 법학과 외교통상학을 전공했고 프랑스 릴(Lille)대학교에서 법학 석사와 박사학위를 받았으며 유럽의회 인턴 및 방문연구원 활동을 한 바 있다. 박사학위 논문 "La coopération interparlementaire au sein de l'Union européenne(유럽연합 내 의회 간 협력)"으로 유럽의회와 스트라스부르 정치대학(SciencePo Strasbourg)이 공동 주관하는 피에르 플림랭 논문상(Prix de thèse Pierre Pflimlin)의 심사위원 특별상을 2022년 아시아인 최초로 수상했다. 주요 연구 분야는 유럽연합(EU)의 디지털 규제 분야(AI, 데이터, 사이버안보 등)와 디지털 혁신 시대의 민주주의 등이다. 주요 논문으로는 "유럽평의회의 '인권·민주주의·법치주의 관점에서 본 위험 및 영향평가(HUDERIA)'가 「EU 인공지능법」 상 '기본권 영향평가(FRIA)'에 미치는 영향 및 국내 시사점"이 있고, "규제 중심의 유럽연합 인공지능법(EU AI Act)" 등 다수의 소속기관 발간물이 있다.